다문화 가정을 위한
한국문화의 이해

한 국 의 언 어 와 문 화

손영화·이윤아·이지민
단국대학교 일본연구소

Kyungjin Publishing co. 경진출판 Since 1999.

지식 인문학과 다문화 교육의 융합을 위해

허재영(단국대 HK+ 연구 책임자, 일본연구소장, 향기 인문학센터장)

　지금 우리는 2017년 11월부터 HK+ 사업의 하나로 향기(鄕氣) 인문학센터의 다문화 교육의 토대를 마련하였습니다. 이 책은 2017년 한국연구재단 인문한국플러스(HK+) 지원 사업에 선정된 단국대학교 일본연구소의 지역인문학센터(향기 인문학센터)의 다문화 교육을 위한 교재입니다.

　우리 연구소는 지난 해 '지식 권력의 변천과 동아시아 인문학: 한중일 지식 체계와 유통의 컨디버전스'라는 아젠다로 2017년 인문한국플러스 사업에 선정되었습니다. 이 아젠다는 이른바 '지식 인문학'이라는 새로운 학문을 구축하고, 그것을 국민 모두와 세계 시민에게 보급하는 일을 목표로 하고 있습니다. 향기(鄕氣) 인문학센터는 이 아젠다를 중심으로 지역 주민들에게 인문적 소양과 지식을 넓혀주고, 삶의 질을 좀 더 향상할 수 있도록 돕는 센터입니다.

　향기 인문학센터의 활기, 온기, 총기 교육 프로그램은 모두 지식 인문학의 범주 안에 들어 있습니다. 또한 다문화 교육 프로그램도 마찬가지입니다. 이번에 발간하는 『다문화 가정을 위한 한국 문화의 이해(한국의 언어와 문화)』는 다문화 가정을 위해 지식 인문학, 그 가운데 언어와 문화에 중점을 둔 교재입니다. 총 10과로 구성된 이 교재는 한국의 '명절, 휴일과 기념일', '테마가 있는 여행', '건강과 식생활', '주거와 삶', '여가 생활', '초대와 방문', '언어와 생활', '전통 예술', '속담', '한국인의 정서' 등 한국 문화를 이해하는 데 중점을 두었습니다. 다문화 가정의 생활 적응을 위한 한국어 교육뿐만 아니라 이야기하기, 문화 두루 알기, 문화 엿보기, 문화 즐기기 등의 체계를 갖추어, 본 연구소의 지식 인문학 연구 성과와 한국어 교육에 필요한 지식을 녹여내는 데 주안점을 두었습니다.

다문화 교육은 단지 언어 교육에 한정되지 않습니다. 우리 아젠다의 핵심적인 지식 담론이 다문화 교육에 접맥되어야 하는 이유는 다문화 가정의 청소년이 우리 사회의 중추적인 역할을 담당할 미래세대라는 패러다임의 전환이 필요하기 때문입니다. 이 책이 나오기까지 지식 인문학에 기반한 한국어 교육 프로그램을 구성하고 실천한 일반 연구원 황종원 교수님, 지역 인문학센터 팀장 윤지원 교수, 하남시 다문화가족 지원센터의 백정숙 센터장님과 센터 직원 모든 분들께 깊은 감사의 말씀을 드립니다. 교재 발간을 기점으로 우리 연구소의 향기 인문학센터 활동이 더 활발해질 것으로 기대하며, 아젠다에 기반한 성과 확산에도 도움이 될 것으로 믿습니다.

2018년 11월 20일

목차

1과

명절, 휴일과 기념일

이야기하기

- 올해 여러분에게 중요한 날은 언제입니까?
- 한국 사람들이 중요하게 생각하는 날이 언제인지 알고 있습니까? 표시해 보십시오.

2018년

1 JANUARY

일	월	화	수	목	금	토
	1	2	3	4	5	6
7	8	9	10	11	12	13
14	15	16	17	18	19	20
21	22	23	24	25	26	27
28	29	30	31			

2 FEBRUARY

일	월	화	수	목	금	토
				1	2	3
4	5	6	7	8	9	10
11	12	13	14	15	16	17
18	19	20	21	22	23	24
25	26	27	28			

3 MARCH

일	월	화	수	목	금	토
				1	2	3
4	5	6	7	8	9	10
11	12	13	14	15	16	17
18	19	20	21	22	23	24
25	26	27	28	29	30	31

4 APRIL

일	월	화	수	목	금	토
1	2	3	4	5	6	7
8	9	10	11	12	13	14
15	16	17	18	19	20	21
22	23	24	25	26	27	28
29	30					

5 MAY

일	월	화	수	목	금	토
		1	2	3	4	5
6	7	8	9	10	11	12
13	14	15	16	17	18	19
20	21	22	23	24	25	26
27	28	29	30	31		

6 JUNE

일	월	화	수	목	금	토
					1	2
3	4	5	6	7	8	9
10	11	12	13	14	15	16
17	18	19	20	21	22	23
24	25	26	27	28	29	30

7 JULY

일	월	화	수	목	금	토
1	2	3	4	5	6	7
8	9	10	11	12	13	14
15	16	17	18	19	20	21
22	23	24	25	26	27	28
29	30	31				

8 AUGUST

일	월	화	수	목	금	토
			1	2	3	4
5	6	7	8	9	10	11
12	13	14	15	16	17	18
19	20	21	22	23	24	25
26	27	28	29	30	31	

9 SEPTEMBER

일	월	화	수	목	금	토
						1
2	3	4	5	6	7	8
9	10	11	12	13	14	15
16	17	18	19	20	21	22
23	24	25	26	27	28	29
30						

10 OCTOBER

일	월	화	수	목	금	토
	1	2	3	4	5	6
7	8	9	10	11	12	13
14	15	16	17	18	19	20
21	22	23	24	25	26	27
28	29	30	31			

11 NOVEMBER

일	월	화	수	목	금	토
				1	2	3
4	5	6	7	8	9	10
11	12	13	14	15	16	17
18	19	20	21	22	23	24
25	26	27	28	29	30	

12 DECEMBER

일	월	화	수	목	금	토
						1
2	3	4	5	6	7	8
9	10	11	12	13	14	15
16	17	18	19	20	21	22
23	24	25	26	27	28	29
30	31					

문화 두루 알기

1 설날과 추석

● 한국에서 설날이나 추석을 보낸 적이 있나요? 무엇을 했나요? 생각나는 단어를 말해 보세요.

● 사진이나 그림에 어울리는 단어를 찾아서 써 보세요.

떡국

올해도 건강하고
좋은 일만
많이 생기기를
바란다.

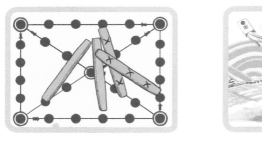

보기 ·민족 대이동 ·차례 ·성묘 ·세배 ·덕담 ·윷놀이 ·연날리기 ·보름달 ·송편

1	민족 대이동	명절에는 많은 사람들이 고향으로 가족과 친척을 만나러 갑니다.
2	차례	명절에는 돌아가신 조상님께 제사를 지냅니다.
3	성묘	추석에 조상의 묘를 찾아가서 인사하고 묘를 정리합니다.
4	떡국	설날에 먹는 대표적인 음식입니다.
5	세배	설날 아침에는 어른들께 절을 하며 인사를 드립니다.
6	덕담	어른이 아랫사람을 위해 좋은 말을 해 줍니다.
7	윷놀이	윷 4개를 던지면서 하는 전통 놀이입니다.
8	연날리기	연을 만들어서 하늘에 날리는 전통 놀이입니다.
9	보름달	음력 8월 15일 밤이 되면 크고 동그란 달이 뜹니다.
10	송편	추석의 대표적인 음식입니다. 소나무의 잎을 이용해서 찝니다.

② 가정의 달

● 다음 빨간색으로 표시된 날이 무슨 날인지 알고 있습니까?
무슨 날입니까?

5 MAY

일	월	화	수	목	금	토
		1	2	3	4	5
6	7	8	9	10	11	12
13	14	15	16	17	18	19
20	21	22	23	24	25	26
27	28	29	30	31		

보기

· 어린이 날　　　　　　· 스승의 날　　　　　　· 부처님 오신 날
· 근로자의 날　　　　　· 어버이날

5월 1일　　　5월 5일　　　5월 7일　　　5월 8일　　　5월 15일　　　5월 22일

1	어린이날	우리들의 미래인 어린이들이 많은 사람을 받으며 바르고 건강하게 자랄 수 있도록 힘쓰자는 의미에서 만들어진 기념일입니다.
2	스승의 날	선생님에 대한 고마운 마음을 표현하고 선생님의 사랑을 다시 한 번 생각해 보는 날이기도 합니다.
3	어버이날	부모님의 은혜를 깊이 생각하고 감사의 마음을 표현하는 날입니다. 대부분의 한국 사람들은 이 날 카네이션 꽃을 만들거나 사서 부모님 가슴에 달아 드립니다.
4	부처님 오신 날	석가모니가 태어난 날을 기념하는 날입니다. 본래는 '석가탄신일'이라고 했지만 2018년부터 '부처님오신날'로 이름이 바뀌었습니다.
5	근로자의 날	'근로자의 날'은 산업 현장에서 일하는 근로자들의 수고를 위로하기 위해 만든 휴일입니다. 대부분의 직장인들이 이 날 휴식을 하지만 공무원 등 일부 직종의 사람들은 쉬지 않습니다.
6	대체 휴일	공휴일이 주말일 경우 주말 다음날인 월요일을 '대체 휴일'로 지정하여 쉽니다. 2018년에는 5월 5일 어린이날이 토요일이므로 월요일까지 3일 동안 쉴 수 있습니다.

■ 어린이날

1) 어린이날에 아이들과 어디에서 시간을 보내면 좋을까요?

| 놀이공원 | 동물원 | 집 근처 공원 | 쇼핑몰 |

■ 어버이날

1) 어버이날 가장 인기 있는 선물은 무엇일까요?

| 화장품 | 직접 쓴 편지 | 현금, 상품권 | 카네이션 |

2) 어버이날 가족들과 모여서 주로 무엇을 할까요?

| 의식 | 잔치 | 해외 여행 | 찜질방 |

■ 스승의 날

1) 스승의 날 선생님께 어떻게 감사를 표현하면 좋을까요?
2) 만약 선물을 한다면 어떤 선물이 가장 좋다고 생각합니까?
3) 여러분은 '김영란법'을 알고 있습니까? 스승의 날 감사의 마음을 표시할 때 어떻게 하는 것이 가장 좋은 방법일까요?

김영란법은 공무원 기자, 선생님 등이 돈이나 비싼 선물을 받을 수 없도록 한 법이에요. 부정청탁을 막기 위해 최근에 만들어졌어요. 그래서 앞으로 스승의 날에 3만원 이상 짜리 선물을 하면 안돼요.

● 여러분은 어린이날, 어버이날, 스승의 날 중에 가장 중요한 날은 언제라고 생각합니까? 왜 그렇습니까?

③ 기념일과 각종 데이(DAY)

● 달력에 있는 '빨간 날'은 무엇을 기념하기 위해 쉬는 것인지 알고 있습니까?

3월 1일	삼일절	일본으로부터 독립하기 위해 온 민족이 '대한독립만세'를 외친 날
6월 6일	현충일	나라를 위해 희생한 분들을 추모하는 날
8월 15일	광복절	일본의 지배에서 벗어나 독립하게 된 것을 기념하는 날
10월 3일	개천절	한국의 역사에서 가장 오래된 나라 '고조선'이 세워진 날
10월 9일	한글날	세종대왕이 한글을 만든 것을 기념하기 위한 날
12월 25일	크리스마스	예수님의 생일. '성탄절'이라고도 한다.

● 한국에는 공식적인 기념일 외에도 아래와 같은 각종 DAY가 있습니다. 사진을 보고 관계 있는 것끼리 연결해 보세요.

2.14.	3.3.	3.14.	4.14.	11.11.
밸런타인 데이 (Valentine Day)	삼겹살 데이	화이트 데이 (White Day)	블랙 데이 (Black Day)	빼빼로 데이

문화 엿보기

| 설날과 추석 |

　한국의 대표적인 명절은 설날과 추석입니다. 설날은 1월 1일로 새로운 해가 시작되는 날입니다. 한국에는 양력설과 음력설이 있는데 '설날'이라고 하면 보통 음력설을 생각합니다. 양력설에도 '새해 복 많이 받으세요.'라고 새해 인사는 하지만 가족들이 함께 모이는 것은 보통 음력설입니다. 양력설에는 1월 1일에만 쉬지만 음력설에는 설 전날과 다음날까지 3일을 쉽니다. 주말에 이어지면 5일까지 쉴 수도 있습니다. 다른 도시에 살다가 고향으로 가족과 친척을 만나러 가는 경우가 많기 때문에 음력설에는 버스나 기차표를 구하기도 어렵고 길도 많이 막힙니다. TV에는 항상 '민족 대이동' 뉴스가 나옵니다. 서울에서 부산까지 시간이 얼마나 걸리는지 가장 막히는 시간이 언제인지도 알려줍니다. 마트나 식당도 명절에는 문을 닫을 수 있으니까 이용할 계획이 있다면 미리 확인해야 합니다.

　설날 아침이 되면 조상님께 차례를 지낸 후 집안 어른들께 세배를 드립니다. 어른들은 아랫사람들에게 덕담을 해 주시며 아이들에게는 세뱃돈을 주십니다. 결혼한 자녀들은 반대로 부모님께 용돈이나 선물을 드리기도 합니다. 설날에는 떡국을 먹는데 '떡국 한 그릇을 먹으면 나이도 한 살 먹는다.'고 말합니다. 설날을 대표하는 전통 놀이로는 윷놀이, 연날리기 등이 있습니다.

　추석은 음력 8월 15일로 한 해 농사에 대해 조상님께 감사드리는 날입니다. 추석 때도 전날과 다음날은 휴일입니다. 추석을 대표하는 음식은 송편인데 '송편을 예쁘게 만들면 예쁜 딸을 낳는다.'는 말도 있습니다. 옛날에는 추석 전날이 되면 온 가족이 모여 송편을 만들었지만 요즘은 직접 만들지 않는 집도 많아졌습니다. 추석 아침이 되면 올해 새로 나온 쌀과 과일로 준비한 음식으로 차례를 지내고 조상의 묘를 찾아 성묘를 가는 경우도 있습니다. 최근에는 차례를 지내는 대신 간단히 기도를 하거나 차례를 생략하기도 합니다. 밤이 되면 크고 동그란 보름달을 바라보면서 새해 소원을 빕니다. 추석을 대표하는 전통 놀이로는 씨름과 강강술래가 있습니다.

　과거에는 명절에 한복을 입었습니다. 지금도 아이들이나 신혼부부는 한복을 입기도 하지만 명절에도 한복을 입지 않는 사람들이 많습니다. 요즘은 많은 친척들과 모이는 대신 부모님과 간단하게 식사를 하거나 연휴를 이용해 국내나 해외로 여행을 가는 경우도 있습니다. 명절 풍속은 점점 바뀌고 있지만 가족들이 오랜만에 안부를 묻고 정을 나누는 문화는 계속되고 있습니다.

● 여러분 고향의 대표적인 명절은 언제인가요? 그날에는 무엇을 하나요?

● 세배하는 법을 배워 봅시다.

세배는 어떻게 해야 하나요?

  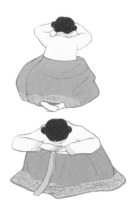 

여자

❶ 두 손(오른손이 위)을 어깨 높이로 올립니다.

❷ 무릎을 꿇습니다(왼발이 위).

❸ 손을 내리고 머리를 숙였다가 일어납니다.

❹ 두 손(오른손이 위)을 앞으로 모으고 '새해 복 많이 받으세요.'라고 말합니다

남자

❶ 두 손(왼손이 위)을 눈높이로 올렸다가 바닥을 짚습니다.

❷ 무릎을 꿇습니다(오른발이 위).

❸ 머리를 숙였다가 일어납니다.

❹ 두 손(왼손이 위)을 앞으로 모으고 '새해 복 많이 받으세요.'라고 말합니다.

● 설날의 대표적인 전통 놀이 '윷놀이'를 해 봅시다.

▶ 준비하기

1) 팀을 나누고 윷, 윷판, 팀별로 다른 종류의 말을 4개씩 준비한다.
2) 팀별로 돌아가며 1번씩 윷을 던진다.

▶ 규칙알기

1) 앞면이 1개만 나오면 '도'라고 말한다. 앞으로 1칸을 나갈 수 있다.
2) 앞면이 2개 나오면 '개'라고 말한다. 앞으로 2칸을 나갈 수 있다.
3) 앞면이 3개 나오면 '걸'이라고 말한다. 앞으로 3칸을 나갈 수 있다.
4) 앞면이 4개 나오면 '윷'이라고 말한다. 앞으로 4칸을 나갈 수 있다.
5) 모두 뒷면이 나오면 '모'라고 말한다. 앞으로 5칸을 나갈 수 있다.

도	개	걸	윷	모

6) 만약 '윷'이나 '모'가 나오면 윷을 다시 한 번 던질 수 있다.
7) '도'가 나왔는데 앞면에 그림이 있을 경우 이것을 '백도'라고 한다. 백도가 나오면 뒤로 한 칸 가야
   한다.
8) 상대팀의 말과 만나면 상대팀의 말은 다시 처음으로 돌아간다. 자기 팀의 말과 만나면 두 개 이상을 같
   이 움직일 수 있다.
9) 모든 말이 한 바퀴를 돌아 처음으로 돌아오면 이긴다.

▶ 윷판

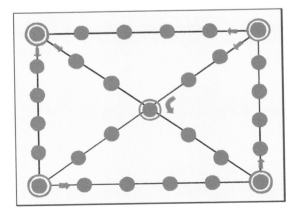

2과

테마가 있는 여행

이야기하기

● **지도를 보며 지역의 이름을 알아봅시다.**

　1) 다음 지역의 위치를 알고 있습니까? 지도에 이름을 써 봅시다. 여러분이 살고 있는 곳은 어디입니까?

경기도, 강원도, 전라도, 경상도, 충청도

　2) 다음 도시는 어디에 있습니까? 어디에 가 봤습니까?

서울, 안동, 전주, 경주, 부산, 속초, 부여

　3) 다음 산과 섬은 어디에 있습니까? 가보고 싶은 곳이 있습니까?

설악산, 지리산, 한라산, 오대산, 제주도

문화 두루 알기

1 명승지를 따라 떠나는 여행

● 다음은 서울에 있는 조선 시대의 4대 궁입니다. 여러분은 어디에 가 봤습니까?

| 창경궁 | 경복궁 | 창덕궁 | 덕수궁 |

여기는 [   ] 이에요.
조선 시대 첫 번째 궁궐이에요.
건축물들이 질서 정연하게 놓여 있어요.

여기는 [   ] 이에요.
조선 시대 두 번째 궁궐이에요.
창덕궁의 건축물들은 자연과 조화를
잘 이루고 있어요.

여기는 [   ] 이에요.
이곳은 조선 시대 대비나 공주들을 위한
별궁이었어요.

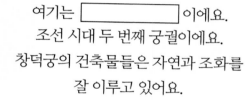

여기는 [   ] 이에요.
조선 시대 말기에 지어진 궁궐이에요.
그래서 유럽식 석조 건물이 함께 있어요.

● 다음은 경주에 있는 유적지와 문화재들입니다. 여러분은 어디에 가 봤습니까?

다보탑　　　　석굴암　　　　경주 남산　　　　첨성대　　　　석가탑　　　　불국사

● 유적지와 문화재들의 이름을 써 보십시오.

경주는 천 년 동안 신라시대의 수도였어요.
신라는 불교 국가였기 때문에 경주에는 불교 문화재가 많이 있어요.

산의 여기저기에 불상, 불탑 등이 많이 있어요.
그래서 '지붕 없는 박물관'이라고 불러요.

● 다음은 부여에 있는 유적지와 문화재들입니다. 여러분은 어디에 가 봤습니까?

　　정림사지 5층 석탑　　　　　　나성　　　　　　능산리 고분군

● 유적지와 문화재들의 이름을 써 보십시오.

이것은 7세기에 만들어진 돌탑이에요.
이 탑은 현재 정림사지라는 절에 있는데
정림사지는 현재 절터만 남아 있어요.

이곳은 백제 시대 왕릉이에요.
왕의 무덤들이 많이 있지요?
왕릉 안으로 들어가면
예쁜 벽화들을 볼 수 있어요.
벽에 그려진 꽃은 연꽃이에요.

② 풍경과 함께 하는 여행

다음 여행지에 가 본 적이 있습니까? 다음 여행지는 어디에 있습니까? 이름이 무엇입니까?
풍경이 어떤지 이야기해 봅시다.

보기   •자연 생태 공원   •여수 밤바다   •대관령 목장   •천지연 폭포
        •설악산   •유채꽃밭   •갈대밭   •한라산   •오대산   •전나무 숲길

❸ 오감이 즐거운 먹거리 여행

● 다음의 음식들을 먹어 본 적이 있습니까? 이 음식들은 어느 지역의 대표 음식들입니까?

찜닭	닭갈비	메밀국수	돼지국밥	비빔밥	갈치구이

● 전주와 부산으로 떠나는 식도락 여행입니다. 다음 먹거리들은 어느 지역에서 유명합니까? 여러분은 어디로 식도락 여행을 떠나고 싶습니까?

씨앗호떡	치즈구이	콩나물국밥
어묵과 가래떡	한정식	떡갈비
돼지국밥	육회비빔밥	냉채족발
모주	납자만두	밀면

전주의 먹거리

부산의 먹거리

| 역사 여행 어디로 떠날까? |

창덕궁

창덕궁은 태조가 만든 조선의 두 번째 궁이다. 조선에는 이미 경복궁이 있었지만 왕들은 창덕궁에 머물기를 더 좋아하여 많은 왕들이 이곳에 살았다고 한다. 창덕궁은 다른 궁들에 비해 보존 상태가 좋고 옛 모습이 비교적 그대로 남아 있어 역사적으로 큰 가치를 지닌다. 또한 창덕궁은 경복궁과는 많은 차이를 보인다. 경복궁의 건축물들은 자로 잰 듯 질서 정연하게 놓여 있지만 창덕궁은 질서와는 거리가 멀다. 건축물들의 크기와 형태가 모두 다른 모습을 하고 있고 건축물들의 배치 또한 통일성이 없다. 이는 자연을 훼손하지 않고 자연과 조화를 이루며 궁을 지었기 때문이다. 만약 산을 깎아 땅을 반듯하게 했다면 경복궁처럼 질서 정연하게 건물을 배치할 수 있었을 것이다. 하지만 창덕궁은 자연 지형을 그대로 살리면서 건물을 지었다. 자연과의 조화를 중시했던 조상들의 생각은 창덕궁 후원을 보면 잘 드러난다. 왕과 왕족의 휴식 공간이었던 후원에는 정자와 연못, 나무, 숲 등이 함께 어우러져 있다. 자연과의 조화가 너무 뛰어나 사람이 인공적으로 만든 정원이라고 생각하지 못할 정도이다. 창덕궁은 가장 한국적인 미를 가진 궁궐로 평가 받고 있다.

'그림자가 없는 탑', 석가탑

통일신라 경덕왕은 '불국사'에 탑을 하나 세우고자 했다. 그래서 당시 기술이 가장 뛰어난 아사달에게 탑을 만들게 하였다. 전라도에서 온 아사달은 경주에서 가족과 떨어져 지내야 했다. 아사달은 빨리 가족이 보고 싶어 열심히 일하였다. 하지만 탑은 쉽게 완성되지 않았다. 그렇게 몇 년이 흘렀고 아사달은 여전히 고향에 돌아가지 못했다. 그 때 남편을 몹시 그리워한 아사녀가 아사달을 만나기 위해 불국사에 찾아왔다. 그러나 아사녀는 남편을 만날 수 없었다. 탑을 만드는 석공은 탑이 완성되기 전까지 여자를 볼 수 없었기 때문이었다. 아사녀는 남편의 그림자라도 보려고 날마다 절을 찾아갔다. 이를 안타깝게 여긴 스님이 아사녀에게 거짓말을 하였다.

"절 근처 연못에 탑의 그림자가 생기면 탑이 완성된 것이니 남편을 만날 수 있을 겁니다."

그 이후로 아사녀는 하루 종일 연못만 바라보며 그림자가 생기길 기다렸다. 그러나 아무리 기다려

도 그림자는 생기지 않았다. 절과 가까운 연못에 탑의 그림자가 생길 리 없었기 때문이었다. 기다리다 지친 아내는 결국 마음의 병을 얻었고 연못에 몸을 던지고 말았다. 얼마 후 탑을 완성한 아사달은 아내를 만나러 연못으로 갔지만 아내를 만날 수 없었다. 단지 아내가 죽었다는 소식만 들을 뿐이었다. 아사달은 슬픔에 빠져 매일 연못을 돌며 아내를 그리워하였다. 아사달은 아내를 영원히 기억하려고 연못 바위에 아내의 모습을 새겨 보았지만 슬픔은 없어지지 않았다. 그리고 얼마 후 아사달도 연못에서 목숨을 끊었다.

이 슬픈 부부의 이야기는 석가탑에 얽힌 이야기이다. 석가탑을 '무영탑'이라고도 부르는데 '무영탑'이란 '그림자가 없는 탑'이라는 뜻을 갖는다.

문화 즐기기

● 여러분은 역사 여행, 풍경과 함께 하는 여행, 먹거리 여행 중 어떤 여행을 하고 싶습니까? 여러분은 어떤 테마로 여행을 하고 싶습니까? 여행 계획을 세워 보십시오.

1) 역사 여행

관심 있는 역사나 문화	유적지 / 문화재	일정		교통	숙박
보기 통일신라 시대의 불교문화	· 석굴암 본존불 · 경주 남산	1일	석굴암 가기	택시	콘도
		2일			
		3일			
		4일			
		5일			

2) 풍경과 함께 하는 여행

보고 싶은 풍경	보고 싶은 풍경이 유명한 지역	일정		교통	숙박
		1일			
		2일			
		3일			
		4일			
		5일			

3) 먹거리 여행

먹어 보고 싶은 음식	먹어 보고 싶은 음식이 유명한 지역	일정		교통	숙박
		1일			
		2일			
		3일			
		4일			
		5일			

3과

건강과 식생활

이야기하기

● 여러분은 어떤 한국음식을 자주 먹습니까? 한국 사람들이 즐겨 먹는 건강 음식은 무엇일까요?

문화 두루 알기

1 한국인의 건강 음식

● 다음은 음식을 만드는 재료들입니다. 몸을 따뜻하게 해 주는 재료들은 무엇일까요?

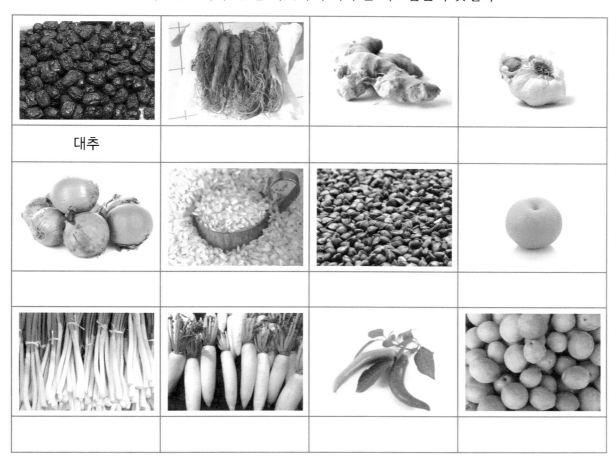

대추			

● 위의 재료들 중에서 삼계탕과 동치미에 들어가는 재료들을 찾아 써 보십시오.

삼계탕	동치미

② 민간요법

● 여러분 나라에서는 감기에 걸렸을 때 무엇을 먹습니까?

● 벌에 쏘였습니다. 가정에서 치료하는 방법이 있습니까? 있다면 어떻게 치료합니까?

● 낮에 먹은 음식이 소화가 안 됩니다. 어떻게 하면 좋을까요? 여러분 나라에서는 어떤 방법을 사용합니까?

● 여러분은 아래의 음료들을 마셔본 적이 있습니까? 건강 음료들의 이름을 써 보십시오.

● 다음과 같은 증상이 있을 때 무엇을 마시면 좋을까요?

1. 딸꾹질이 안 멈춰요.	⇨	
2. 감기에 걸렸어요.	⇨	
3. 소화가 안 돼요.	⇨	
4. 잠이 안 와요.	⇨	
5. 목에 가래가 있어요.	⇨	
6. 생리 때문에 아파요.	⇨	
7. 땀이 많이 나요.	⇨	
8. 눈이 피곤해요.	⇨	

③ 음식 궁합

● 보쌈과 함께 먹으면 좋음 음식은 무엇일까요?

 1)  2)  3)

● 오이와 함께 먹으면 좋지 않은 음식은 무엇일까요?

 1)  2)  3)

● 한국 음식의 궁합을 알고 있습니까? 어떤 음식들을 함께 먹으면 맛도 좋고 건강에도 유익 할까 요?
어떤 음식들을 같이 먹으면 우리 몸에 해가 될까요?

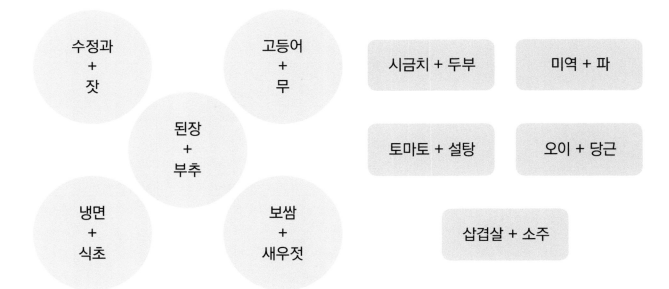

수정과 + 잣

고등어 + 무

된장 + 부추

냉면 + 식초

보쌈 + 새우젓

시금치 + 두부

미역 + 파

토마토 + 설탕

오이 + 당근

삽겹살 + 소주

궁합이 맞는 음식

	수정과 + 잣	한국 전통 음료인 수정과는 곶감으로 만들어요. 곶감으로 만들기 때문에 이것을 많이 마시면 변비가 생길 수 있어요. 잣이 변비가 생기는 것을 막아줘요.
	된장 + 부추	된장은 우리 몸에 매우 좋은 음식이지만 짜다는 단점이 있어요. 부추는 나트륨을 몸 밖으로 나가게 해 줘요.
	고등어 + 무	고등어조림을 할 때 무를 넣으면 고등어의 비린냄가 없어져요. 또한 고등어에 부족한 비타민C가 무에는 풍부하게 들어있어요.
	냉면 + 식초	여름에 자주 먹는 냉면 육수에는 설사를 일으키는 대장균이 있을 수 있어요. 식초는 이런 균들을 죽이는 역할을 해요. 분만 아니라 냉면을 더 맛있게 해 줘요.
	보쌈 + 새우젓	보쌈과 새우젓을 함께 먹으면 간이 아주 잘 맞아요. 보쌈에 양념이 안 되어있기 때문이에요. 또한 새우젓은 돼지고기가 소화되는 것을 도와줘요.

궁합이 안 맞는 음식

	시금치 + 두부	시금치와 두부를 함께 먹으면 몸속에 담석이 생길 수 있어요.
	미역 + 파	파안에 있는 성분이 미역의 칼슘이 몸속으로 흡수되는 것을 막아요.
	오이 + 당근	오이와 당근을 함께 먹으면 오이의 비타민C가 파괴돼요.
	토마토 + 설탕	토마토와 설탕이 만나면 토마토의 영양소가 거의 다 사라져요.
	삼겹살 + 소주	소주가 몸 안에 들어가면 지방을 만드는 역할을 해요. 그런데 지방이 많은 삼겹살을 함께 먹게 되면 몸속에 지방이 많이 생기게 돼 비만이 되기 쉬워요.

문화 엿보기

| 한국인이 사랑하는 삼계탕과 냉면 |

복날이 되면 여기저기에서 땀을 흘리며 삼계탕을 먹는 한국 사람들을 쉽게 볼 수 있습니다. 삼계탕은 한국 사람들이 더위를 이기기 위해 먹는 대표적인 보양식입니다. 그런데 왜 한국 사람들은 일 년 중 가장 더운 삼복더위에 이 뜨거운 삼계탕을 먹는 것일까요?

여기에는 옛날 사람들의 지혜가 숨어 있습니다. 여름에 날씨는 덥지만 사람들의 몸속에는 찬 기운이 많아집니다. 여름에 찬 음식을 많이 먹으면 쉽게 배탈이 나는 것도 이런 이유 때문입니다. 따라서 우리 조상들은 몸을 따뜻하게 해 주는 식재료들을 찾아 맛있는 보양식을 탄생시켰습니다. 삼계탕 속에 들어가는 닭고기, 인삼, 대추, 마늘, 찹쌀 등은 모두 우리 몸을 따뜻하게 만드는 재료들입니다. 이것들을 함께 넣고 끓여서 한 그릇 먹으면 더위로 지친 몸이 금세 힘을 얻습니다.

열은 열로 다스린다는 의미의 '이열치열'이라는 말이 있습니다. 푹푹 찌는 한여름에 육개장, 설렁탕, 삼계탕 같은 뜨거운 국물을 마시고 땀을 흘리면 더위가 도망갑니다. 이것이 바로 '이열치열'로 한국 사람들이 더위를 쫓아내는 방법입니다.

여름에 한국 사람들이 많이 찾는 또 하나의 음식은 냉면입니다. 살얼음이 떠 있는 냉면은 더운 여름에 제격입니다. 하지만 우리 조상들은 차갑고 시원한 냉면을 추운 겨울에 먹었습니다. 냉면은 원래 북쪽 음식으로 추운 겨울 살짝 얼은 동치미 국물에 메밀국수를 넣어 먹던 음식이었습니다. 여름에 우리 몸에 찬 기운이 많아진다면 겨울에는 더운 기운이 많아진다고 합니다. 차가운 동치미와 찬 성질을 갖는 메밀국수를 함께 먹음으로써 몸 안 온도를 조절했던 것입니다. 건강을 지키며 음식 문화를 즐기던 우리 조상들의 지혜가 돋보입니다.

추운 겨울 북쪽 지방 사람들이 먹던 냉면이 오늘날 여름철 별미가 된 것은 한국 전쟁과 관련이 있습니다. 북쪽 지방의 피난민들이 남쪽으로 내려와 냉면을 전파했고 담백하고 시원한 맛을 잊지 못한 남쪽 지방 사람들이 지금까지도 즐기고 있는 것입니다. 냉장고의 등장도 큰 역할을 했습니다. 냉장고의 도움으로 얼음을 쉽게 만들 수 있게 되면서 남쪽 지방에서도 언제나 냉면을 먹을 수 있게 된 것입니다.

● **여러분 나라의 대표적인 보양식은 무엇입니까? 여름철과 겨울철에 즐겨 먹는 음식은 무엇입니까?**

삼복더위

삼복이란 초복, 중복, 말복 3번의 복날을 말한다. 삼복은 음력 6월부터 7월 사이에 있다. 이 기간은 여름철 중에서 가장 더운 시기로 몹시 더운 날씨를 가리켜 '삼복더위'라고 한다. 삼복더위가 찾아오면 많은 사람들이 입맛을 잃고 더위에 지친다. 한국 사람들은 삼복더위를 이겨내고 몸을 보호하기 위해 삼계탕과 같은 보양식을 먹는다.

초복	삼복 가운데 첫 번째로 오는 복날이다. 대략 7월 11일에서 7월 19일 사이에 온다. 초복이 오면 더위가 본격적으로 시작될 것이라는 것을 알 수 있다.
중복	삼복 가운데 두 번째 복날이다. 시기는 초복의 열흘 후이다.
말복	삼복 가운데 마지막 날이다. 대략 중복의 열흘 후에 찾아온다. 말복이 지나가면 날씨가 조금 서늘해지고 가을이 오기 시작한다.

평양 냉면과 함흥 냉면

	평양 냉면	함흥 냉면
면	· 감자나 고구마로 만듭니다. · 면이 가늘고 쫄깃하지만 잘 끊어지지 않습니다.	· 메밀로 만듭니다. · 면이 쉽게 끊어집니다.
맛	· 회를 넣고 매콤하고 새콤한 양념에 비벼 먹습니다. · 비빔냉면이라고도 합니다.	· 차가운 육수에 면을 넣어 먹습니다. · 맵지 않고 자극적이지 않습니다. · 맛이 담백합니다.

① 골든벨을 울려라

1) 다음 물음에 맞는 답을 쓰세요.

❶ 한국 사람들이 즐겨 먹는 여름 보양식은 무엇입니까?

❷ 겨울철 북쪽 지방에서 즐겨 먹던 음식은 무엇입니까?

❸ 이것은 예로부터 사람들 사이에 전해져 내려오는 병을 치료하는 방법을 말합니다. 무엇입니까?

2) 다음을 읽고 맞으면 O, 틀리면 X 하세요.

❶ 딸꾹질이 안 멈출 때 국화차를 마시면 좋다.   (   )

❷ 소화가 안 될 때 매실차를 마시면 좋다.   (   )

❸ 몹시 더운 날씨를 가리켜 '삼복더위'라고 한다.   (   )

❹ 한국 사람들은 한국 전쟁 이후 냉면을 먹기 시작했다.   (   )

❺ 생강차는 감기에 걸렸을 때 마시는 것이 좋다.   (   )

❻ 돼지고기를 먹을 때 새우젓을 함께 먹으면 소화가 잘 된다.   (   )

❼ 평양 냉면을 비빔 냉면이라고도 한다.   (   )

3) 궁합이 잘 맞은 음식을 골라 보세요.

①　고등어 ·　　　　　　　　　　· 식초

②　된장 ·　　　　　　　　　　· 무

③　잣 ·　　　　　　　　　　· 수정과

④　냉면 ·　　　　　　　　　　· 부추

4과

주거와 삶

이야기하기

● 여러분은 한국에서 어떤 집에서 살고 있습니까?

아파트 주택

동향
서향
남향
북향

지하철역에서 가깝다
지하철역에서 멀다

● 여러분 나라의 전통 가옥은 무엇입니까? 전통 가옥의 이름은 무엇입니까?

1 한국의 전통 가옥

● 종류

보기 •기와집 •초가집 •너와집

● 기후에 따른 한옥 구조

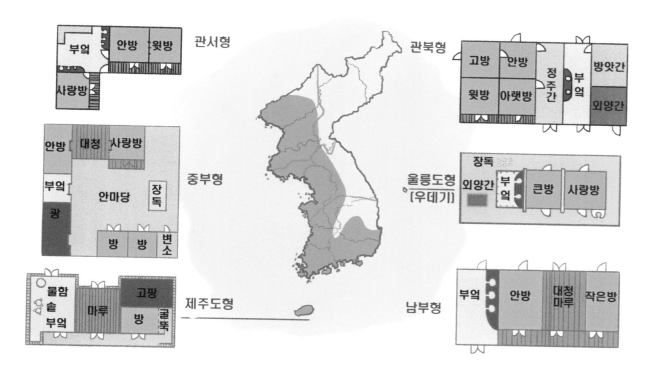

● 기와집의 구조

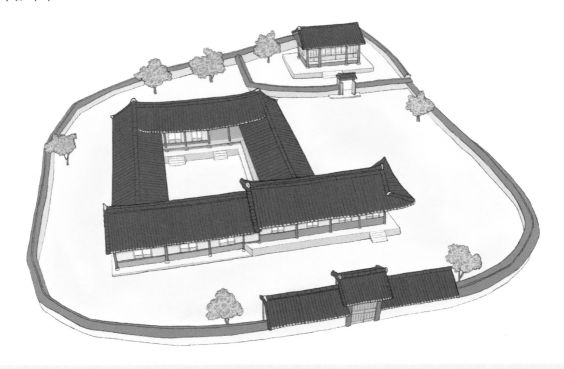

보기　• 사당　• 안채(안방)　• 행랑채(행랑방)　• 마루　• 사랑채(사랑방)　• 장독대

● 한옥의 냉난방: 마루, 온돌

2 한국의 현대 가옥

● 다음은 한국 현대 집의 종류입니다.

보기 ·빌라 ·주택 ·타운 하우스 ·주상복합 ·오피스텔 ·아파트

● 임대 형태

전세	전세는 돈을 맡기고 정해진 기간 동안 집을 빌리는 것을 말해요. 전세를 살게 되면 매달 돈을 내지 않아도 돼요. 한국 사람들이 가장 많이 사용하는 형태로요.
월세	월세는 매달 돈을 내고 집을 빌리는 것을 말해요. 전세처럼 보증금을 많이 낼 필요가 없어요.
임대 아파트	국가나 건설 회사가 아파트를 지어 주민들에게 매달 돈을 받고 집을 빌려 주는 것을 말해요. 임대주택의 종류에 따라서 일정 기간이 지나면 돈을 내고 집을 소유할 수 있어요.

③ 한국인의 이사

● 한국인이 이사하는 과정입니다.

1)
손 없는 날 확인 : 이사 날짜 정하기
한국에서는 '손 없는 날'에 주로 이사를 한다. '손 없는 날'이란 나쁜 귀신이 없는 날로 한국인들은 이 날에 이사해야 잘 산다고 믿는다. '손 없는 날'은 이사하기 좋은 날이기도 하지만, 반대로 이사 수요가 많아 이사 비용이 비싸진다는 점도 참고해야 한다.

2)
이사 업체 예약하기
이삿짐 종류, 양에 따라 이사 견적이 달라지므로 미리 많은 이사 업체의 견적을 받아보고 잘 비교해서 업체를 고른다.

3)
물건 정리하기
짐이 적으면 적을수록 저렴하게 이사할 수 있다. 사용하지 않는 물건은 과감하게 버리거나 주위에 나눠 줘서 부피를 줄인다. 그리고 귀중품은 직접 옮기는 것이 좋다.

4)
관리비, 공과금 계산하기
이사하기 전 집에서의 공과금, 관리비 계산을 다 하고 간다. 또한 자동이체를 해 놨을 경우 잊지 말고 해지해야 한다.

5)
수도, 가스, 전기, 인터넷 연결 확인하기
새 집으로 이사를 마쳤다면 당장 쓸 수도나 가스 전기등이 잘 연결되어 있는지 확인하고, 미리 신청해 두었던 인터넷, 전화 등 케이블은 제시간에 방문하는지 체크한다.

6)
전입신고하기
이사를 하면 새로 살게 된 곳의 동사무소에 방문해서 이사한 날로부터 14일 이내에 전입신고를 한다. 취학 자녀가 있는 경우 동사무소에서 받은 학교 통지서를 관할 학교에 제출하여 전학을 시킨다.

7)
이웃 주민들에게 떡 돌리기
이사를 하면 새로운 이웃들에게 인사를 하기 위해 시루떡을 돌린다. 팥이 들어간 시루떡을 돌리는 이유는 붉은색이 나쁜 것을 막아 준다고 생각하기 때문이다.

문화 엿보기

| 좋은 집을 구하는 방법 |

따뜻한 봄으로 접어들며 본격적인 이사철이 다가왔다. 주변에서 이사를 가고 오는 모습을 많이 찾아볼 수 있다. 계약 기간 만료, 직장, 아이들 교육 등의 다양한 이유로 이사를 하지만 좋은 집을 구하고 싶은 마음은 모두 같을 것이다. 한 번 집을 구해 이사하면 다른 집으로 옮기기 쉽지 않기 때문에 집을 구할 때 매우 신중을 기해야 한다. 지금부터 우리 가족이 편안하고 행복하게 생활할 수 있는 집을 고르기 위한 팁을 알아보도록 하자.

첫째, 집이 몇 층인지 건물의 방향이 동쪽인지 남쪽인지 또 집 앞에 햇빛을 가리는 건물이 없는지 확인하는 것이 중요하다. 고층이고 남향, 동향의 집은 채광이 좋고 통풍이 잘 되기 때문에 겨울에는 따뜻하고 여름에는 시원해 냉난방 비용을 아낄 수 있다.

둘째, 아파트 규모가 500가구 이상인지 확인해 본다. 아파트의 규모가 크면 클수록 관리비도 싸고 편의시설이 많아 편리하기 때문이다.

셋째, 그 집의 관리비, 가스요금, 공과금은 얼마나 나오는지 미리 확인하는 것이 좋다. 이 비용이 높을수록 월 생활비가 많이 들 수 있으므로 잘 따져봐야 한다.

넷째, 화장실, 싱크대에 물을 잘 나오고 새지 않는지, 곰팡이, 결로, 얼룩때는 없는지 확인해 본다. 위 아래층의 층간 소음은 어느 정도인지 확인하는 것도 매우 중요하다.

다섯째, 집 주변의 편의시설 여부를 확인해 본다. 지하철역, 버스역 등이 얼마나 가까운지 확인해 보고, 집 근처에 병원, 은행, 마트, 세탁소, 학원 등이 가까이 있는지도 확인하는 것이 좋다. 대중교통을 이용하거나 아이를 키우는 가정의 경우에는 이런 주변 편의 시설이 생활의 질을 높여줄 수 있기 때문이다.

● 여러분은 집을 구할 때 어떤 점이 가장 중요하다고 생각합니까?

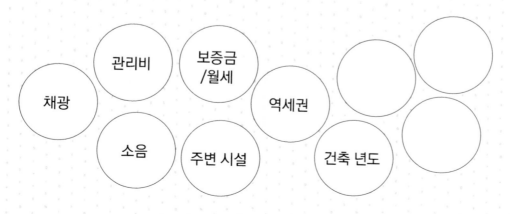

1 집구하기와 부동산 임대차 계약서 쓰기

● 다음의 집 중에서 어떤 집으로 이사하고 싶습니까?

1) 매물 정보

보증금/월세	2000/50	방종류	쓰리룸
해당 층/건물 층	2층/3층	전용/공급면적	59.4㎡/59.4㎡
관리비		입주가능일	날짜 협의
난방종류	개별난방	반려동물	가능
주차	불가능		
엘리베이터	없음		

쓰리룸 월세 2000/50만원
★쓰리룸 ★위치 좋음 ★아늑
경기도 수원시 영통동
반려동물 ok

| ♥ 찜 | ☎ 신고 |

'좋다'공인중개사사무소
대표 : 조승우
☎ 연락처보기

2) 매물 정보

보증금/전세	1억2000	방종류	투룸
해당 층/건물 층	2층/4층	전용/공급면적	36.3㎡/42.9㎡
관리비		입주가능일	날짜 협의
난방종류	개별난방	반려동물	불가능
주차	가능		
엘리베이터	없음		

투룸 전세 1억2000만원
★급전세 투룸 신혼부부O
경기도 수원시 영통동
주차 ok

| ♥ 찜 | ☎ 신고 |

'부자'공인중개사사무소
대표 : 신선영
☎ 연락처보기

3) 매물 정보

보증금/월세	1억4000	방종류	아파트
해당 층/건물 층	12층/18층	전용/공급면적	29.6㎡/45.8㎡
관리비		입주가능일	날짜 협의
난방종류	개별난방		
주차	가능		
엘리베이터	있음		

아파트 매매 1억4000만원
주상복합아파트
경기도 수원시 영통동

| ♥ 찜 | ☎ 신고 |

'대박'공인중개사사무소
대표 : 신선영
☎ 연락처보기

● 위에 고른 집을 바탕으로 임대인과 임차인이 되어 계약서를 작성해 보십시오.

부 동 산 임 대 차 계 약 서

☐ 전세   ☐ 월세

임대인과 임차인 쌍방은 아래 표시 부동산에 관하여 다음 계약내용과 같이 임대차계약을 체결한다. 1. 표시					
소 재 지					
토 지	지 목		면 적		㎡
건 물	구조·용도		면 적		㎡
임대할부분			면 적		㎡

2. 계약내용

제 1 조 (목적) 위 부동산의 임대차에 한하여 임대인과 임차인은 합의에 의하여 임차보증금 및 차임을 아래와 같이 지불하기로 한다.

보 증 금	금	원정 (₩)
계 약 금	금	원정은 계약시에 지불하고 영수함. 영수자(인)
중 도 금	금	원정은 년 월 일에 지불하며
잔 금	금	원정은 년 월 일에 지불한다.
차 임	금	원정은 매월 일에 선불로 지불한다.

본 계약을 증명하기 위하여 계약 당사자가 이의 없음을 확인하고 각각 서명·날인 후 임대인, 임차인 및 중개업자는 매장마다 간인하여야 하며, 각 1통씩 보관한다.

년   월   일

임대인	주 소						
	주민등록번호		전 화		성 명		인
	대 리 인	주 소			성 명		
임차인	주 소						
	주민등록번호		전 화		성 명		인
	대 리 인	주 소		주민등록번호	성 명		
중개업자	사무소소재지			사무소소재지			
	사 무 소 명 칭			사무소명칭			
	대 표	서명·날인	인	서명·날인		인	
	등 록 번 호		전화	등록번호	전 화	인	
	소속공인중개사	서명·날인	인	서명·날인		인	

5과

여가 생활

이야기하기

● 여러분은 시간이 생기면 주로 무엇을 합니까?

> ·찜질방 가기 ·영화 감상 ·컴퓨터 게임
> ·독서 ·한국요리 배우기 ·텔레비전 보기 ·등산
> ·노래방에서 노래 부르기 ·친구들하고 술 마시기

● 한국 사람들은 시간을 날 때 어떻게 시간을 보낼까요? 어떤 활동들을 할까요? 친구들과 이야기한 후 추측하여 써 보십시오.

스포츠활동

수영

야외활동

캠핑

모임

동창 모임

문화생활

영화 보기

자기계발

외국어 배우기

문화 두루 알기

① 한국인의 문화생활

● 여러분은 다음의 공연을 본 적이 있습니까? 다음 중 어떤 공연을 관람하고 싶습니까?

보기 · 탈춤 · 부채춤 · 사물놀이 · 판소리 · 줄타기 · 마당극

● 다음 공연 중에서 한국 전통 공연과 한국 전통을 계승한 창작 공연을 찾아보십시오.

한국 전통 공연	창작 공연

탈춤	탈춤은 탈을 쓰고 연극하는 한국의 전통 가면극이에요.
부채춤	부채춤은 한국의 전통 춤은 아니에요. 김백봉이라는 무용가가 한국 전통 무용의 전통적 요소를 더하여 만든 창작 무용이에요.
사물놀이	1978년에 시작된 사물놀이는 꽹과리, 징, 장구, 북으로 연주해요. 리듬과 박자로만 연주를 하는데 여기서 리듬과 박자는 한국 전통을 계승한 것이에요.
판소리	한 명의 소리꾼이 북장단에 맞춰 이야기하고 노래하는 한국 전통 음악극이에요.
줄타기	단순한 놀이가 아니라 한국의 전통 공연예술이에요. 반주에 맞춰 노래와 춤을 추면서 묘기를 보여 주는데 그 기술이 무려 40가지나 된다고 해요.
마당극	마당이라는 열린 공간에서 하는 연극 양식이에요. 한국의 전통연희를 계승했어요. 무대와 객석의 구분이 없어 극 후반에는 배우와 관객이 하나 되어 놀이마당이 벌어져요.

● 다음 공연 중 여러분이 즐겨 보는 공연은 무엇입니까? 어떤 공연을 가장 좋아합니까?

왜 그렇습니까?

연극	난타	뮤지컬	콘서트	디너쇼

배우가 연기하는 것을 직접 볼 수 있어요. 보통 소극장 공연이 많아서 생동감이 넘쳐요. 대학로에 가면 다양한 연극 공연을 볼 수 있어요.
배우들은 관객에게 전하고자 하는 것을 말로 표현하지 않아요. 박자와 리듬만으로 표현해요. 그리고 배우들은 칼이나 도마 같은 주방 도구를 사용해서 박자와 리듬을 만들어요. 마치 사물놀이를 보는 것 같은 느낌이 들기도 해요.
노래와 춤을 추면서 하는 연극이에요. 뮤지컬을 보는 동안 눈도 즐겁고 귀도 즐거워요. 연극이 꽤 길지만 춤과 노래가 있어서 시간 가는 줄 모르고 보게 돼요.
예전에는 k-pop 가수들의 콘서트가 주로 많았어요. 하지만 몇 년 전부터 복고열풍으로 7080콘서트 같은 어른들이 즐길 수 있는 콘서트가 많아졌어요.
디너쇼는 저녁을 먹으면서 볼 수 있는 쇼예요. 주로 어르신들을 위한 콘서트예요. 디너쇼를 하는 가수들은 대개 트로트 가수나 오랜 된 옛날 가수들이에요. 어버이날이나 연말에 부모님께 디너쇼 티켓을 선물해 보세요. 부모님이 정말 좋아하실 거예요.

② 야외 활동

● 다음 물건들은 무엇을 할 때 필요한 물건들입니까?

1)

2)

● 다음은 주말에 한국인들이 가장 많이 하는 주말 활동입니다. 왜 한국 사람들은 등산을 좋아하고 많이 할까요? 그 이유를 찾아보십시오.

남녀노소 누구나 쉽게 할 수 있다.

할 수 있는 시간이 정해져 있다.

혼자 할 수도 있고 친구와 함께 할 수도 있다.

전 국토의 70%가 산으로 이루어졌기 때문이다.

날씨와 관계없이 언제나 할 수 있다.

시간에 관계없이 자유롭게 할 수 있다.

등산을 하는데 큰 돈이 들지 않는다.

비용이 많이 든다.   건강에 좋다.

3 한국인의 모임 문화

● 다음은 한국인이 주로 하는 모임입니다. 여러분이 알고 있거나 참석해 본 모임이 있습니까?
  어떤 모임을 설명하는지 써 보십시오.

동호회 모임	동창회 모임	향우회 모임	해병대 모임	브런치 모임

1)	고향이 아닌 지역에서 같은 고향 사람들끼리 만나는 모임이에요.	
2)	취미 혹은 관심 분야가 같은 사람들끼리 모여 함께 활동하는 모임이에요.	
3)	같은 학교를 졸업한 사람들끼리 모여 친목을 다지는 모임이에요.	
4)	단순한 식사 모임이 아니에요. 지인들과 만나 이야기를 나누고 정보도 교환하는 일종의 사교 모임이에요.	
5)	해병대는 특수 부대의 한 종류예요. 다른 부대보다 훈련이 힘들어서 해병대를 나온 사람들은 특별한 자부심을 갖고 있어요. 이런 해병대 출신들이 친목을 다지기 위해 모임을 만들었어요.	

● 위의 모임들은 공통점을 갖고 있습니까? 무엇입니까?

● 한국인들이 여러 모임을 갖는 이유가 무엇일까요?

한국인의 '우리'에 대한 생각	

● 한국 사람들이 모여 가장 많이 하는 것은 무엇일까요?

고스톱   방탈출 게임   노래   이스포츠   음주

● 최근 젊은이들 사이에서 유행하는 놀이는 무엇입니까?

1)	갇힌 방에서 탈출을 하는 게임이에요. 방에서 탈출을 하려면 추리를 통해서 여러 가지 미션을 수행해야 해요. 젊은이들이 많이 모이는 홍대와 강남역 부근에 방탈출 카페가 아주 많이 있어요.	
2)	온라인상에서 하는 모든 게임을 말해요. 선수들이 동시에 컴퓨터에 접속해서 스포츠처럼 경기를 해요. pc방이 증가하면서 이스포츠를 즐기는 사람들도 많아졌어요.	

● 옛날 사람들은 무엇을 하고 놀았을까요? 한국의 전통놀이의 이름을 써 보십시오.

보기   ·연날리기   ·윷놀이   ·제기차기   ·투호   ·널뛰기   ·강강술래

● 한국인들의 놀이 문화의 특징은 무엇입니까? 이야기해 봅시다.

● 여러분 나라에서는 사람들이 모여 주로 하는 놀이가 무엇입니까?

| 한국인의 음주가무 |

한국인들은 유난히 술 마시기를 좋아한다. 직장에서 회식을 할 때 대학에서 신입생 환영회나 종강식 등 크고 작은 행사를 할 때 언제나 술과 함께 한다. 개인과 개인이 만날 때도 술은 빠지지 않고 한국 사람들과 함께 있다. 왜 한국 사람들은 이렇게 술을 좋아하는 것일까? 다른 나라와는 구별되는 한국적 음주가무 특징은 무엇이 있을까?

음주의 보편적이고 빈번함

한국 사람들 중 꽤 많은 사람들이 자주 술을 즐긴다. 기쁠 때도 마시고 슬플 때도 마신다. 애주가들은 심심할 때도 일부러 술자리를 만들어 술을 마신다. 이렇게 한국 사람들이 술을 자주 마시는 가장 주된 이유는 '사교를 위해서'다. 많은 한국인들은 '술'이 있어야만 타인과의 대화가 잘 이루어진다고 믿는다. 그리고 술을 마셔야만 깊이 있고 진정한 소통이 이루어진다고 믿는다.

술자리 바꾸기

한국인의 음주습관 중에 흥미로운 또 다른 특징 중 하나는 장소를 바꾸어 가면서 술을 마시는 것이다. 한국인들은 일반적으로 한 장소에서만 술을 마시는 것을 별로 좋아하지 않는다. 한번 만나 술을 마시면 보통 3번 술자리를 바꾼다. 한국 사람들은 첫 번째 장소에서 술을 마시는 것을 1차, 두 번째 장소에서 술을 마시는 것을 2차, 세 번째 장소에서 술을 마시는 것을 3차라고 부른다. 한국 사람들은 보통 2차나 3차까지 술을 마신다. 한국인들은 왜 이렇게 자리를 바꾸어 가며 술을 마시는 것일까? 1차, 2차 3차 등 차수가 늘어나고 술을 마시는 장소가 바뀌면서 사람들은 점점 술에 취해 간다. 그러면서 사람들이 나누는 대화의 내용과 성격이 달라진다. 형식적이고 겉도는 이야기가 아니라 자신의 마음속에 있는 깊은 이야기를 꺼내는 것이다. 다른 사람의 반응이나 체면 같은 것은 이제 크게 신경 쓰지 않는다. 솔직한 나의 모습을 보이는 것이다.

집단적 가무

술을 마시다 흥이 나면 한국인들은 노래방으로 간다. 노래방이라는 좁은 공간과 정해진 시간 안에서 한국인들은 최대한 신명나게 논다. 처음 한두 곡은 가볍고 느린 노래로 시작한다. 그러다가 점점 빠른 노래, 강렬한 노래로 바꿔 부른다. 이때 사람들은 하나둘 자리에서 일어나 다함께 노래를 부르고 춤을 춘다. 노래방의 문화를 전통적인 집단 가무의 새로운 형태라고 여기는 사람들도 있다.

문화 즐기기

● 관람하고 싶은 공연을 인터넷으로 예매해 봅시다.

1) 인터넷을 검색하여 관람할 공연을 선택합니다. 이때 관람 후기를 참고합니다.	
공연의 종류와 제목	
선택에 영향을 준 공연 후기	
2) 예매 사이트에 들어가서 공연 정보를 확인합니다.	
기본정보	
가격정보	
인물정보	
공연정보	
3) 공연 관람 날짜와 시간을 선택합니다. 날짜에 따라 출연진이 달라질 수 있습니다.	
관람일/회차 확인	
날짜별 출연진 확인	
4) 공연 좌석을 선택합니다. 좌석에 따라 가격이 차이가 큽니다.	
좌석 번호 확인	
5) 티켓 받는 방법을 선택하고 예매자 정보를 확인합니다. 그 후 결제를 마무리합니다.	
관람일/회차 확인	

6과

초대와 방문

● 다음과 같은 초대장을 받았을 때 어디로 가야 합니까? 관계가 있는 것끼리 연결해 보세요.

부 고

삼가 고인의 명복을 빕니다.
**신문 이형욱 대표 부친상

-빈소: **병원
-발인: 5월 8일

♡초대합니다.♡

현서가 첫 번째 생일을
맞이하게 되었습니다.
날짜: 11월 17일 2시
장소: 단국회관

◎ 청첩장 ◎

사랑과 믿음으로
저희 두 사람이
평생을 함께하려고 합니다.

일시: 7월 6일 토요일
장소: ** 웨딩홀

● 돌잔치, 결혼식, 장례식에 갈 때 어떤 복장을 하고 무엇을 준비해서 가야 할까요? 아래 그림을 보며 이야기해 봅시다.

〈검은 정장〉

〈단정한 정장〉

〈축의금〉

〈조의금〉

〈금반지〉

〈아기 용품〉

문화 두루 알기

1 돌잔치

● 돌잔치는 아이의 부모님에 따라 다른 형태와 다른 순서로 진행됩니다. 일반적인 돌잔치의 과정을 알아봅시다.

인사 후 축의금 또는 선물을 전달합니다.

아이가 어떤 물건을 잡을지 돌잡이 물건을 뽑습니다.

식사를 하며 아이의 성장 비디오를 감상합니다.

아이가 돌잡이를 합니다.

아이에 대한 퀴즈를 푸는 시간을 갖습니다.

참석에 대한 감사의 표시로 주는 답례품을 받습니다.

● 다음 돌잡이 물건들은 어떤 의미를 가지고 있을까요? 연결해 보세요.

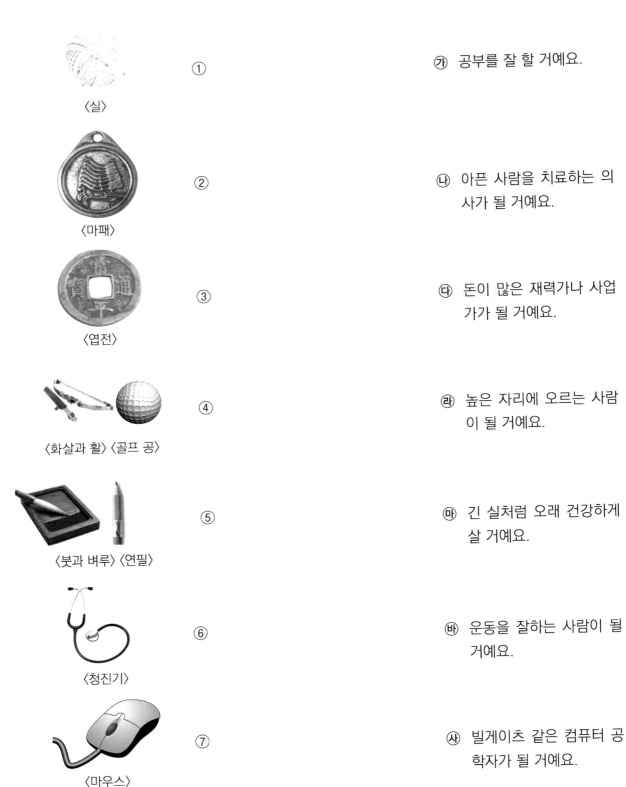

①
〈실〉

②
〈마패〉

③
〈엽전〉

④
〈화살과 활〉〈골프 공〉

⑤
〈붓과 벼루〉〈연필〉

⑥
〈청진기〉

⑦
〈마우스〉

㉮ 공부를 잘 할 거예요.

㉯ 아픈 사람을 치료하는 의사가 될 거예요.

㉰ 돈이 많은 재력가나 사업가가 될 거예요.

㉱ 높은 자리에 오르는 사람이 될 거예요.

㉲ 긴 실처럼 오래 건강하게 살 거예요.

㉳ 운동을 잘하는 사람이 될 거예요.

㉴ 빌게이츠 같은 컴퓨터 공학자가 될 거예요.

● 다음은 과거와 현재의 돌잡이 물건입니다. 과거와 현재 부모들은 아기가 어떻게 자라기를 바라고 있습니까?

〈과거 돌상〉

〈현재 돌상〉

② 결혼식

● 예로부터 내려오는 전통 혼례와 서양 결혼식의 영향을 받은 현대 결혼식은 어떤 차이가 있을까요? 두 결혼식과 관계가 있는 것을 <보기>에서 찾아 나누어 보세요.

보기

① 이바지 음식

② 함

③ 부케

④ 면사포

⑤ 연지곤지

⑥ 쪽두리

⑦ 국수

⑧ 케이크

⑨ 티아라

● **현대 결혼식은 어떠한 절차로 진행이 되는지 알아봅시다.**

① 개식
사회자가 결혼식 시작을 알림

② 화촉 점화
신랑과 신부의 어머니가 각각 촛불을 켬

③ 신랑 입장
신랑이 식장에 입장

④ 신부 입장
신부 아버지의 도움을 받아 신부 입장

⑤ 신랑 신부 맞절
신랑과 신부가 서로 마주보고 인사

⑥ 주례사
신랑 신부의 결혼 생활을 축복하는 주례

⑦ 축가
신랑 신부의 결혼을 축하하는 축가 노래

⑧ 부모님께 인사
신랑 신부 양쪽 부모님께 인사

⑨ 하객에 대한 인사
신랑 신부가 하객 분들께 감사의 인사

⑩ 폐식
결혼식이 끝나고 음악에 맞춰 신랑과 신부가 식장 밖으로 퇴장

⑪ 부케 던지기
신부가 들고 있던 부케를 하객을 향해 던지기

⑫ 하객들과 기념 촬영
신랑 신부의 가족 친구들과 사진 촬영

③ 장례식

● 다음은 장례식의 모습입니다. 돌아가신 고인을 애도하고 유족을 위로하는 절차인 문상은 어떻게 해야 할까요?

① 조객록 서명 :

핸드폰은 반드시 전원을 끄고 조객록에 서명을 합니다.

② 분향과 헌화 :

향에 불을 붙이고 향로에 꽂습니다. 이때 향에 불은 반드시 오른손 바람을 이용해서 끄거나 가볍게 흔들어서 끕니다. 그리고 영정 앞에 꽃을 놓습니다. 이 때 꽃 봉우리가 영정 쪽을 향하게 하여 놓습니다.

③ 재배 :

영정을 쳐다 본 후 두 번 절을 합니다. 종교에 따라 절을 하지 않는 경우는 정중히 고개를 숙여 예를 표합니다.

④ **조문 :**

상주들을 향해 선 후 맞절을 한 후 짧은 인사말을 건넵니다. 조문이 끝나고 물러나올 때에는 두 세 걸음 뒤로 물러난 뒤 몸을 돌려 나옵니다.

⑤ **부의금 전달 :**

부의금은 상주에게 전달하지 않고 호상소에 전달합니다.

상주: 고인의 자손으로 장례를 주관하는 사람

분향소: 향을 피우면서 제사를 지내는 장소

호상소: 조객록을 작성하고 부의금을 받는 등 장례 관련된 일을 보는 곳

안상주: 여자 상제

● 장례식에서 재배 시 보통의 경우는 남자와 여자가 아래 그림과 방법으로 앉은절을 두 번 합니다. 그러나 종교 등의 이유가 있는 경우에는 선절을 하기도 합니다.

■ **남자의 앉은절 (평절)**

① 두 손을 모으고 자세를 바로 합니다.
② 맞잡은 손을 가슴 높이까지 올립니다.
③ 맞잡은 손으로 땅을 짚고 꿇어 앉습니다.
④ 이마를 손등에 대고 몸을 숙여 절한 후 다시 일어나 한 번 더 절을 합니다.

▨ 여자의 앉은 절

① 두 손을 모으고 자세를 바로 합니다.
② 두 손을 풀어 양 옆에 놓고 무릎을 꿇고 앉습니다.
③ 앞 부분의 바닥에 양 손을 짚습니다.
④ 몸을 숙여 절한 후 다시 일어나 한 번 더 절을 합니다.

▨ 남자, 여자의 선절

① 향에 불을 붙이고 향로에 꽂습니다.

② 한 걸음 뒤로 물러 선 후 자세를 바르게 합니다. 몸을 45도 이상 깊숙이 숙인 상태로 7초 동안 선절을 합니다.

| 나에게 맞는 결혼식은? |

'결혼식'하면 크고 화려한 웨딩홀에서 많은 하객들의 축복 속에 순백의 웨딩드레스를 입은 신부와 멋진 턱시도를 입은 신랑이 떠오를 것이다. 그러나 몇 년 전 가수 이효리 이상순 부부가 제주도 작은 집에서 소규모로 진행한 결혼식과 강원도 정선의 밀밭에서 원빈 이나영 부부가 올린 '작은 결혼식'은 세간의 화제가 되었고 이는 한국인들의 기존 결혼식 문화를 바꾸는데 큰 영향을 주었다. 특히 관행에서 벗어난 새로운 결혼식을 꿈꾸는 예비 부부들이 자신에게 맞는 새로운 결혼식을 추구하기 때문에 다양한 형태의 결혼식이 탄생하고 있다. 다양한 결혼식의 장점과 단점을 따져 자신에게 잘 맞는 결혼식을 찾아보자.

■ 일반 결혼식

최근 다양한 결혼식 추세에도 여전히 가장 많은 신랑 신부들이 선택하는 예식 방법은 일반 웨딩홀에서 주례자 선생님께서 결혼식을 주관하는 일반 예식이다. 평생 단 한 번뿐인 결혼식임을 감안한다면 특별함이 조금 떨어질 수 있지만 기본적인 준비가 모두 되어 있는 예식이기 때문에 편리하게 결혼식이 진행될 수 있는 장점이 있다. 또한 한국인들에게 결혼은 개인사이면서도 가족사로 보는 경향이 강해 많은 친인척들을 초대해 그동안 지불한 축의금을 거두고 싶어 하는 많은 신랑 신부의 부모들의 의견을 반영해 이 결혼식이 선택되는 경우가 많다.

■ 전통 혼례

요즘 흔히 볼 수 있는 예식 방법은 아니지만 전통적인 분위기를 연출하고 싶은 신랑 신부들이 선호하는 예식이다. 특히 국제결혼을 하는 신랑 신부들이 전통 혼례를 선택하는 경우가 많다. 전통 혼례는 일반 결혼식에 비해 절차는 물론이고 준비과정까지 복잡하지만 일반 결혼식에 비해 혼례 시간이 넉넉해 복잡하지 않고 다양한 볼거리를 제공한다는 점에서 아직까지도 사랑을 받고 있는 결혼식이라 할 수 있다.

■ 뮤지컬 웨딩

　뮤지컬 웨딩은 뮤지컬 공연이 예식 안에 포함되어 있는 결혼식으로 각 식순마다 뮤지컬 배우들이 노래와 연기를 보여주는 결혼식이다. 비용적 부담이 다소 크지만 긴 주례로 자칫 지루할 수 있는 결혼식 중간 중간에 뮤지컬이 진행되기 때문에 하객들에게 큰 즐거움과 감동을 선사해 준다.

■ 작은 결혼식 (스몰 웨딩)

　일반 웨딩홀, 성당, 교회와 같은 일반적인 결혼 장소가 아닌 작은 펜션 또는 집 등에서 적은 수의 하객들과 함께 하는 결혼식을 말한다. 가까운 친척이나 지인들과 함께 편안한 분위기에서 예식을 진행할 수 있다는 점과 큰 비용이 들지 않는다는 점이 장점으로 꼽힌다.

● 여러분에게는 어떤 결혼식이 잘 맞을 것 같습니까?

문화 즐기기

● 다음 청첩장과 돌잔치 초대장을 완성해서 결혼식과 돌잔치에 친구를 초대해 보세요.

7과

언어와 생활

이야기하기

● 다음 표현들의 의미는 무엇입니까? 이야기해 봅시다.

대박 할인에 내 마음은 심쿵♥ 그 남자의 심쿵 미소!! 나를 웃게 한다.	레알 밥도둑 간장 게장!! 이건 정말 꼭 사야 해	빨간 날 없는 4월 이게 실화냐..?
심쿵해♥	레알?	뭐라냐?!

● 다음은 오빠와 여동생의 전화통화입니다. 표준어로 바꾸어 보십시오.

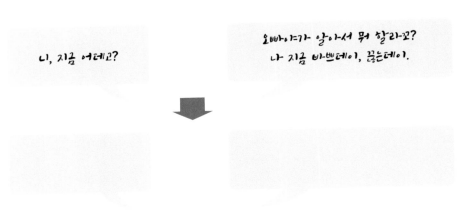

니, 지금 어데고?

오빠야가 알아서 뭐 할라꼬?
나 지금 바쁜데이, 끊는데이.

● 한국 사람들은 식당에서 종업원을 부를 때 어떻게 부릅니까? 여러분의 나라에서는 식당 종업원을 어떻게 부릅니까?

문화 두루 알기

1 신조어

● 여러분이 알고 있는 신조어는 몇 개입니까?

2018년 신조어 경시대회

※ 다음 중 알고 있는 신조어를 고르십시오.

1. 심멎   5. 만찢남   9. 갓띵작
2. 썸타다   6. 갑분싸   10. 취향저격
3. 철벽남   7. 최애   11. 커엽
4. 소확행   8. 세젤예   12. 취존

● 다음은 어떤 신조어를 설명하고 있습니까? 위에서 알맞은 단어를 찾아 써 보십시오.

1) 가장 사랑함

2) 신이 만든 최고의 작품

3) 만화책에서 튀어나온 것처럼 잘생긴 외모를 가진 남자를 일컬음

4) 예쁜 외모를 가진 사람을 의미

5) 호감을 표현해도 반응하지 않거나 확실히 선을 긋는 남자

6) 멋진 사람을 보거나 깜짝 놀랄만한 일을 경험했을 때 사용하는 말임

7) 거창한 목표보다는 지금 이 순간을 소중히 여기고 즐기려는 삶의 방식

8) 아직 사귀는 것은 아니지만 좋아하는 감정으로 만나고 있는 상태를 말함

9) 내 마음에 드는 스타일을 가진 사람이나 사물을 보고 쓰는 말

10) '취향입니다. 존중해 주시죠'라는 말에서 나온 신조어

● 평소에 너무 좋아하던 연예인이 내 앞에 갑자기 나타났습니다. 그리고 저를 보며 다정하게 말을 걸어 주고 상냥하게 웃어 줍니다. 위에서 배운 신조어를 가지고 지금의 감정을 표현해 봅시다.

● 다음은 채팅용어입니다. 어떤 단어의 초성이나 종성입니까?

ㅋㅋ		ㄴㄷ		ㅎㅎ	
ㅇㅈ		ㄱㅅ		ㅇㅇ	
ㅇㅋ		ㄱㄷ		ㅠㅠ	
ㄴㄴ		ㄱㄱ		ㅈㅅ	
ㅊㅋ		ㅎㄷㄷ		ㅇㄱㄹㅇ	

● 다음 문자 메시지를 읽고 채팅용어를 사용하여 답장을 써 보십시오.

2 사투리

충청도 _____

경상도 _____

어디 가요? 전라도 _____

강원도 _____

제주도 _____

● '어디 가요?'라는 말을 각 지방 사람들은 어떻게 말할까요? 추측해 보십시오.

보기   • 어데 가노?   • 어디 가드래요?   • 어디 가냐잉?   • 어디 가요?   • 어디 가심?

● 각 지방의 사투리를 알아봅시다.

지역	특징	예		
강원도	억양이 세고 강한 말투예요.	아니드래요.	뭐 하드래요?	어여 오드래요.
충청도	억양이 부드럽고 말이 느려요. 말꼬리를 길게 늘여서 말해요.	아녀유.	뭐 해유?	빨리 와유.
전라도	말이 짧고 간결해요. 친근함과 구수함이 느껴져요.	아니랑께.	뭣 허냥께?	언능 오랑께요.
경상도	억양이 주로 앞에 와요. 말도 짧고 억양도 강해서 말을 할 때 꼭 싸우는 것 같아요.	아입니더. 아이라예.	뭐 하노?	퍼뜩 오이소.
제주도	일반인이 듣고 이해하기 어려워요.	아니마시.	뭐 하멘?	혼저 옵서예.

● 사투리를 통해 각 지역 사람들의 특징을 알 수 있습니까? 어떤 특징이 있는 것 같습니까?

강원도	사람들이 순박하고 강한 정신력을 가졌어요.
충청도	느긋하고 여유로워요. 이런 면 때문에 한국 사람들은 충청도 사람하면 행동이 느리다고 생각해요.
전라도	부드러우면서 정이 많아요.
경상도	무뚝뚝하고 급한 편이지만 속정이 많아요.경상도에는 상남자 스타일이 많다고 생각해요.
제주도	부지런하고 소박해요.

③ 호칭어

● 가족 호칭

● **격식적 호칭**

학교에서		
선생님을 부를 때	선생님 성+선생님 과목+선생님	① "**선생님**, 안녕하세요." 철수 엄마예요. ② "어머, **수학 선생님** 안녕하세요." ③ "**박 선생님**, 안녕하세요?"
선생님 자녀를 지칭할 때	아드님, 따님 자제분	① "선생님 **아드님/따님**도 중학생이에요?" ② "**자제 분**들이 벌써 대학생이에요?"

직장에서		
직장 상사를 부를 때	직함 성+직함	① "**부장님**, 시키신 일 다 했습니다." ② "**김 대리님**, 전화 받으세요."
직장 상사의 아내, 자녀를 지칭할 때	사모님 아드님, 따님 자제 분	① "부장님, **사모님** 건강은 좀 어떠세요?" ② "부장님 **따님**이 너무 귀엽네요." ③ "과장님 **자제 분**들이 벌써 대학생이에요?"

이것을 조심하세요.

1) 상사의 이름을 부르지 마세요.

2) 동료 사이에서는 이름과 함께 "씨"를 붙여 부르는 게 좋아요.

3) 직장 부부 모임에서 남편의 직장 상사나 동료에게도 남편이 부르는 대로 하면 돼요.

● **친한 사람들을 부를 때 호칭**

학교에서		
여자일 경우	선배 언니, 누나	① "**선배**, 오늘 커피숍에서 브런치 할까." ② "**누나**, 기말 리포트 좀 도와주세요."
남자일 경우	선배 오빠, 형	① "**선배**, 기말 리포트 좀 도와주세요." ② "**형**, 오늘 우리 술이나 한 잔 할까요?"
친한 친구의 부모님에게	어머님, 아버님	① "**철수 아버님**, 그동안 잘 지내셨어요?"
부모님의 친한 친구에게	이모, 삼촌	① "**이모**, 우리 엄마 언제 와요?"
친한 사람의 부인에게	형수님, 제수씨	① "**형수님**, 그동안 잘 지내셨어요?"

● 모르는 사람들을 부를 때 호칭

모르는 사람에게	
아줌마, 아저씨	◆이 호칭은 결혼을 한 여자와 남자를 부를 때 사용한다. ◆모르는 사람을 처음 봤을 때 결혼을 했는지 안 했는지 판단이 어려울 경우 가 많으므로 이 호칭은 비교적 나이가 든 사람에게 사용하는 것이 좋다. ◆젊은 사람에게 사용하면 상대방이 기분 나빠할 수 있으므로 조심해서 사용해야 한다.
저기요. 저....	모르는 사람을 불러 도움을 요청하거나 모르는 것을 물을 때 많이 사용한다.

이것을 조심하세요.

'당신', 이 호칭은 '너'라는 2인칭 대명사이다. '당신'이라는 호칭에는 상대방을 높여 부르는 의미도 있지만 또 한편으로는 모르는 사람에게 사용할 때는 상대방을 낮춰 부르는 의미도 있다. 예를 들어 길거리에서 모르는 사람과 싸움이 났다거나 자동차 사고가 나서 시비가 붙었을 때 많이 사용한다. 따라서 이 호칭을 모르는 사람에게 사용하면 실수를 할 수 있다.

| 가족이 아닌 사람에게도 사용하는 호칭어 |

한국어는 호칭어가 매우 발달한 언어이다. 직계 가족을 부르는 엄마, 아빠, 언니, 오빠, 동생 등 뿐 만아니라 사촌, 육촌을 부르는 호칭이 다르고 할아버지, 외할아버지, 할머니, 외할머니, 이모, 고모, 삼촌, 외삼촌 등 친가와 외가의 친척들을 부르는 호칭 역시 다르다. 또한 나이가 많으냐 적으냐에 따라 불러야 하는 호칭이 나뉜다. 오빠, 형, 언니, 누나 등 여자냐 남자냐에 따라서도 호칭이 다르다. 이렇듯 한국어는 혈연으로 맺어진 가족이나 친척을 부르는 호칭어가 매우 다양하고 세분화 되어 있다.

그렇다면 가족이 아닌 남이나 모르는 사람을 부르는 호칭은 어떨까? 직장에서 혹은 학교에서 동료나 친구의 경우는 보통 이름을 부른다. 그리고 나보다 먼저 입사했거나 학교에 먼저 입학한 사람들을 부르는 '선배'라는 호칭이 있다. 하지만 한국 사람들은 '선배'라는 호칭 대신 형, 오빠, 누나, 언니와 같은 호칭을 더 많이 사용한다. 한국 여성들의 경우, 진짜 오빠도 '오빠', 남자 친구도 '오빠', 학교 선배도 '오빠'라고 부른다. 여자 후배는 여자 선배를 '언니'라고 부르고 동네에서 사귄 사람이나 학교에서 만난 학부모끼리도 나이 많은 여자에게 '언니'라는 호칭을 쓴다. 가게 주인과 여자 손님도 서로를 '언니'라고 부른다. 그렇다면 친한 친구의 집을 방문했을 때 친구의 부모님을 한국 사람들은 뭐라고 부를까? '어머님', '아버님'이라는 호칭을 사용한다. 자신의 친부모가 아니어도 말이다. 또한 한국 식당에서 흔하게 들리는 호칭이 있다. 바로 '이모'이다. "이모, 여기 막걸리하고 파전 주세요."라고 말하는 젊은이들의 모습은 한국 식당에서 자주 목격되는 풍경이다.

한국 사람들은 왜 가족이 아닌 남에게 가족 호칭어를 사용하는 것일까? 우리는 이러한 한국인의 호칭 사용에서 한국인의 공동체 의식을 엿볼 수 있다. 한국인들은 '나'와 '너'라는 말보다 '우리'라는 말을 더 선호한다. '내 나라', '내 남편'보다 '우리나라', '우리 남편'이라는 표현에 더 익숙하다. 한국어에는 '이웃사촌'이라는 말이 있다. 내 옆집에 사는 사람과 나는 피가 섞여 있지 않아도 가족이나 친척처럼 생각한다는 뜻이다. 가족만 '우리'가 아니라 집밖에 있는 남들도 언니, 동생, 형 즉, '우리'라고 생각하는 것이다.

● 한국어 호칭을 사용해 봅시다. 아래의 <보기>처럼 등장인물과 상황을 만든 후 대화를 만들어 보십시오. 대화를 만든 후 각자 역할을 맡고 연기해 보십시오.

	장소	식당
	등장인물	남자 선배와 부인, 남자 후배와 여자 친구
	상황	다음 달에 결혼할 후배는 선배 부부에게 여자 친구를 소개시켜 주려고 한다.

후배 형, 안녕하세요! 형수님, 오랜만에 봬요. 잘 지내셨죠?

선배 부인 영수 씨도 잘 지내셨죠? 어머, 옆에 이 분 누구세요?

후배 제 여자 친구예요. 저희 다음 달에 결혼해요.

선배 야, 영수야, 축하한다. 제수씨도 축하드려요.

● 빙고 게임

1) 여러분이 알고 있는 한국어 호칭을 20개 쓰십시오.
2) 한 사람이 자신이 적은 단어 중 하나를 골라 누구에게 사용하는지 어떤 상황에서 사용하는지 말하십시오.
3) 나머지 사람들은 설명하는 단어가 있으면 지우십시오.
4) 세로나 가로, 혹은 대각선에 있는 단어들을 모두 지우면 빙고를 외치십시오.

8과

전통예술

● 다음은 어느 나라의 전통 예술입니까?

● 다음은 어떤 예술 장르에 속합니까?

산수화	판소리	청자
백자	풍속화	민요

미술	음악	도자기

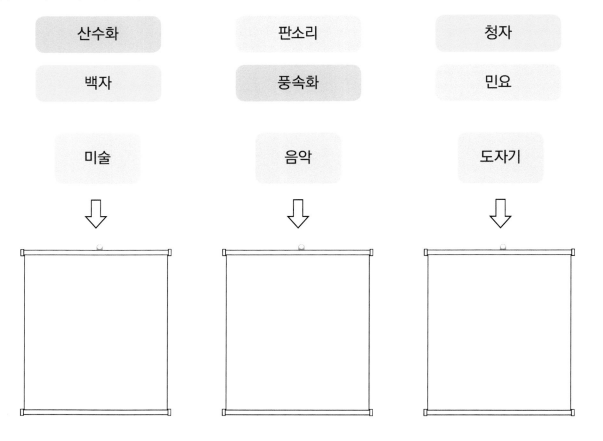

1 한국 전통 미술

● 산수화

산수화란 산과 언덕, 강과 바다, 풀과 나무 등 자연의 경치를 소재로 하여 그린 그림이다. 조선 전기에는 중국의 영향을 받아 중국의 산수화를 모방하거나 자연 경치를 상상해서 그리는 산수화를 주로 그렸다. 그러나 조선 후기에는 우리나라 자연 경치를 직접 보고 그리는 진경산수화가 유행하였다.

● 산수화 작품을 감상해 봅시다.

 〈몽유도원도〉 안견	이 그림은 안평대군의 꿈 이야기를 듣고, 안견이 3일 만에 완성한 그림이다. 1447년에 완성된 이 그림의 왼쪽은 현실세계이고, 가운데는 도원으로 가기 위한 험난한 길, 오른쪽은 환상적인 도원의 세계를 담아내고 있다. 한쪽은 정면에서 바라보는 것처럼 다른 한쪽은 높은 곳에서 내려다보는 것처럼 그려서 공간이 넓은 도원의 경치를 잘 나타내었다.
 〈인왕제색도〉 안견	조선시대 영조 27년(1751)에 그려진 이 그림은 비온 뒤 안개가 피어오르는 순간을 잘 포착하여 그 분위기를 잘 표현한 그림이다. 이 작품이 제작되기 전까지 우리나라의 산수화는 대부분 중국의 것을 모방하거나 상상해서 그린 것에 지나지 않았다. 그러나 이 작품은 인왕산을 직접 보고 그린 진경산수화를 대표하는 작품으로 평가되고 있다.

● 풍속화

주로 조선 후기에 유행한 그림으로 일정한 사회 계층을 대표하는 사람들의 풍속, 취미, 일상생활의 모습을 그렸다.

● 풍속화를 감상해 봅시다.

〈씨름도〉 김홍도

　　이 그림을 그린 김홍도는 일반 서민들의 일상생활을 생생하게 그린 조선 후기 정조 시대 때 문예부흥기의 대표적인 화가이다. 씨름도는 중앙에 씨름을 하는 두 사람을 배치하고 구경꾼들을 동그랗게 배치하고 마방진까지 응용한 구도로 그림의 균형과 조화를 추구한 작품이다.

〈단오풍정〉 신윤복

　　여름 더위가 시작되는 음력 5월 5일 단오는 모두가 새 옷을 입고 모여 맛있는 음식을 먹는 날로 설날, 추석과 함께 큰 명절이다. 여인들은 물가에서 몸을 씻고 창포물에 머리를 감기도 하였다. 이 작품은 단옷날 그네타기 놀이를 나온 여인네들이 시냇가에서 그네를 타고 몸을 씻으며 즐기는 장면을 표현한 작품이다. 그 뒤에 여인들을 바위틈으로 몰래 훔쳐보고 있는 동자승들의 장면을 대담하고 익살스럽게 그려냈다.

● 다음에 맞는 설명과 그림을 연결해 보십시오.

산수화 ◆　　　　◆ 사람들의 풍속, 취미, 일상생활의 모습을 그린 그림 ◆　　　　◆

풍속화 ◆　　　　◆ 산과 언덕, 강과 바다, 풀과 나무 등 자연의 경치를 소재로 하여 그린 그림 ◆　　　　◆

② 한국의 전통 음악

• 판소리

판소리는 넓은 터의 의미를 가진 '판'과 '소리'를 합쳐서 만든 말이다. 즉, 넓은 무대에서 소리꾼이 북장단에 맞춰 노래를 하는 음악극을 말한다. 판소리에서 북을 치는 사람을 '고수' 노래하는 사람을 '소리꾼', 흥을 돋우기 위한 추임새를 넣는 '청중'이라고 한다.

판소리는 소리, 아니리, 발림, 추임새로 이루어진다. 소리꾼은 고수의 북장단에 맞춰 긴 이야기를 노래하는데 이를 '소리'라고 한다. 또한 노래가 아닌 말로 설명하기도 하는데 이를 '아니리'라고 한다. '발림'은 소리꾼의 표정과 몸짓을 말하는데 주로 극적인 장면에서 부채를 쫙 펴거나 접어서 청중을 판소리에 집중하게 만드는 역할을 한다. '추임새'는 고수와 청중이 "좋다!", "옳거니!"라는 말을 하며 흥을 돋우는 것을 말한다.

• 다음 판소리를 구성하는 역할의 이름을 써 보세요.

보기 • 고수 • 소리꾼 • 청중

• 다음은 판소리 <흥부가>의 일부분입니다. 어떤 내용이 소리, 발림, 아니리, 추임새에 해당하는지 써 보십시오.

소리 ◆	◆ 시르렁 실근 톱질이야 에이여루 톱질이로고나
발림 ◆	◆ 그때 흥보 좋아라고 박씨를 딱 주어들더마는,
아니리 ◆	◆ (소리꾼이 부채를 접어 하늘을 향해 찌른다.)
추임새 ◆	◆ 얼씨구! 좋다!

● 민요

　　민요는 처음에 누가 지어서 전해오는 노래가 아닌 일반 서민들 사이에서 자연스럽게 생긴 후에 입에서 입으로 전해진 노래이다. 민요는 리듬과 가사가 쉬워서 누구나 쉽게 따라 부를 수 있어서 지금까지도 한국인들이 많이 부르는 노래이다. 민요는 일반 서민들의 생활에 대한 내용이 많은데 농사와 관련된 노동, 남녀 간의 사랑, 명절에 하는 행사나 놀이에 대한 내용을 담는 경우가 많다. 그 예로 음력 8월 한가위 보름달이 뜬 밤에 부르는 민요 〈강강술래〉가 있다. 수십 명의 마을 처녀들이 모여 손을 잡고 둥그렇게 원을 만들며 풍작과 풍요를 기원하는 노래로 여성들의 협동, 우정의 교류를 함께 할 수 있었다. 〈아리랑〉은 우리나라 사람들이 가장 많이 불러 온 대표적인 민요이다. 지방에 따라 노랫말이나 곡조가 다르나 남녀 간의 슬픈 사랑을 주제로 하고 있다. 〈아리랑〉은 현재까지도 많이 불러지는 곡으로 유네스코 인류무형문화유산으로 등재되어 있다.

● 한국의 대표적인 민요인 아리랑은 지방에 따라 다르게 불리고 있습니다. '정선 아리랑', '밀양 아리랑', '진도 아리랑'을 비교해 봅시다.

정선 아리랑	밀양 아리랑	진도 아리랑
(1절) 눈이 올라나 비가 올라나 억수장마 질라나 만수산 검은 구름이 막 모여든다. (후렴) 아리랑 아리랑 아라리요 아리랑 고개로 나를 넘겨주소. (2절) 아우라지 뱃사공아 배 좀 건너주게 싸리골 올동백이 다 떨어진다. (후렴) ……	(후렴) 아리 아리랑 쓰리 쓰리 랑 아라리가 났네. 아리랑 고개로 날 넘겨주소. (1절) 날 좀 보소 날 좀 보소 날 좀 보소. 동지 섣달 꽃 본 듯이 날 좀 보소.	서산에 지는 해는 지고 싶어 지느냐 날 두고 가신 임은 가고 싶어 가느냐 (후렴) 아리아리랑 쓰리쓰리랑 아라리가 났네. 아리랑 응응응 아라리가 났네.

③ 한국 전통 도자기

● 청자와 백자

　　고려 시대 이후 왕족과 귀족들은 자기를 사용하였는데 당시 유행한 자기는 청자였다. 중국인들은 푸른 옥(玉)을 좋아했는데 너무 귀하고 비싸서 이를 대신하고자 흙으로 만든 것이 푸른색의 청자였다. 그런데 전쟁으로 중국과의 교류가 어려워진 고려인들은 고려청자를 독자적으로 개발해 사용하기 시작했다. 고려청자는 도자기 표면에 무늬를 파고 그 무늬 속에 하얀색이나 붉은색 흙을 개어 넣어서 만드는 상감기법으로 만들어졌다. 이 기법은 어느 나라에서도 찾을 수 없는 고려만의 독특한 방법으로 고려청자의 우수성을 더 높여주었다.

● 백자

　　조선 시대에는 고려 시대에 유행하던 청자가 사라지고 분청사기와 백자가 발달하였다. 백자는 고려청자만큼 화려하지는 않지만 깨끗한 선비와 순박한 백성들의 마음처럼 흰빛을 띠고 있다. 백자는 무늬를 넣지 않은 것들이 많은데 조선 시대에는 순수한 멋을 좋아했기 때문이다. 백자는 색과 모양이 간결하고 실용적이라 고려청자와 달리 왕족, 귀족뿐만 아니라 서민들도 일상생활에서 폭넓게 사용하였다.

● 청자를 감상해 보십시오.

● 백자를 감상해 보십시오.

● 청자와 백자가 어떻습니까? 어떤 차이가 있습니까? 이야기해 보십시오.

	청자	백자
색깔		
무늬		
모양		
용도		

● 고려청자를 만드는 과정을 알아봅시다.

흙을 물에 갠 후 반죽한다.

도자기의 모양을 만든다.

무늬를 새긴 자리에
다른 색 흙을 넣는다. (삼강기법)

도자기를 그늘에서 말린 후
굽는다. (초벌구이)

유약을 바른다.

초벌구이 온도보다 높은 온도에서
굽는다. (마침구이)

| 한국 전통 예술과 한국의 미 |

음악

판소리는 한국의 대표적인 전통 음악으로 한국의 오페라라고 불린다. 서양의 오페라가 여러 명의 배우가 등장하여 이야기를 이끈다면 판소리는 노래를 하는 소리꾼과 북을 치는 고수 단 두 사람이 극을 이끈다. 중국에도 경극이라는 오페라가 있다. 하지만 우리의 판소리와는 큰 차이를 보인다. 먼저 분장과 의상을 보자. 경극이 화려함을 자랑한다면 판소리는 매우 소박하다. 소리의 경우 경극은 가늘고 여성스러움이 돋보이는 반면 판소리는 거칠고 강한 힘이 느껴진다. 이러한 거친 면은 전통 악기 대금과 아쟁에서도 느낄 수 있다. 대금 연주를 들으면 악기 소리와 바람 소리가 반반씩 난다. 대금의 굵은 소리와 바람 소리가 더해져 거친 면이 한층 더 깊어지는 것이다. 옛 한국인들은 이런 유형의 소리를 좋아한 것 같다. 원래 중국 악기였던 아쟁은 그 소리가 거칠어 중국인들로부터 버림을 받았다. 하지만 우리 조상들은 아쟁의 거친 소리를 아름답게 생각하여 우리의 악기로 받아들인다.

즉흥성과 자유분방함은 한국이 갖은 또 다른 미의 특징이다. 이를 잘 보여주는 것이 바로 시나위이다. 시나위란 여러 가지 전통 악기를 같이 연주하는 합주곡이다. 시나위는 악보가 없이 연주된다. 연주자들이 그때그때 하고 싶은 대로 연주하는 것이다. 하지만 신기하게도 각자 제멋대로 연주하는 것 같지만 전체적으로는 큰 조화를 이룬다.

공예

공예작품에서도 투박함과 자유분방함을 찾아 볼 수 있다. 시각에서의 자유분방함은 좌우 대칭이 아닌 비대칭으로 나타난다. 예를 들어 막사발이 그렇다. 막사발이란 조선 시대 백성들이 여러 가지 용도로 편하게 쓰던 그릇이었다. 이 막사발은 표면이 거칠고 외형이 비뚤비뚤하며 매끄럽지 못하다. 이런 투박한 그릇에 일본 사람들은 열광하였다. 왜 그랬을까? 일본의 다다미라는 방을 보면 정확히 좌우 대칭이고 반듯하다. 이런 다다미방에서 차를 마실 때 사용하는 찻잔이 거칠고 투박하며 균형미를 찾아 볼 수 없는 막사발이라면 어떤 느낌일까?

공예품 가운데 투박한 특징을 보이는 것이 또 있다. 바로 17세기에 만들어진 달항아리이다. 당시 동아시아의 기술로는 그렇게 큰 항아리를 만들 수 없었다. 하지만 조선시대 도공들은 큰 도자기를 만들고 싶어 했고 한 가지 방법을 떠올리게 된다. 그것은 두 개의 반쪽짜리 그릇을 붙이는 것이었다. 두 개의 그릇을 붙이다 보니 접촉부분이 매끈하지 않고 울퉁불퉁하게 되었다고 한다.

● 한국의 민요를 배워 봅시다.

밀양 아리랑	아리랑
날 좀 보~~소 날 좀 보~~소 날 좀~~보~~소 동지 섣 달~~ 꽃본 듯 이~~ 날 좀~~보~소 아리 아리랑 쓰리 쓰리랑 아라리~가 났~~네 아리랑~~ 고개로~~ 날 넘~겨 주~소	아~리랑 아~리랑 아 라~~리~요---- 아~리랑 고~개~로 넘~어간 다- 나~를 버리고 가 시는 임~은 ---- 십~리도~ 못~가~서 발~병난 다-

● 두 민요의 분위기가 어떻습니까? 어떤 느낌이 듭니까?

● 노래 속 주인공이 되어 봅시다. 노래 주인공에게 어떤 일이 있었을까요? 상상해서 주인공의 사연을 만들어 봅시다.

*9*과

속담

● 다음은 어떤 상황입니까? 그림을 보고 이야기해 보십시오.

● 한국 사람들은 위 그림과 같은 상황에서 어떤 표현을 사용하여 말합니까?

● 다음은 한국 속담에 등장하는 동물입니다. 다음 동물을 보고 생각나는 한국 속담이 있습니까?

● 다음은 한국 속담에 등장하는 동물입니다. 다음 동물을 보고 생각나는 한국 속담이 있습니까?

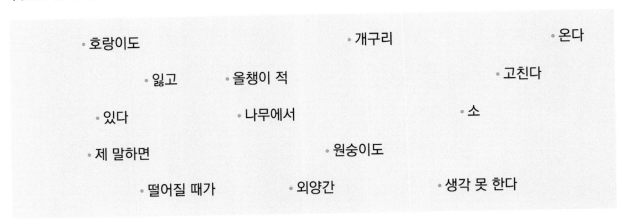

・호랑이도　　　　　　・개구리　　　　　　　・온다

　　・잃고　　・올챙이 적　　　　　　　・고친다

　・있다　　　　・나무에서　　　　　・소

　・제 말하면　　　　　　　・원숭이도

　　・떨어질 때가　　・외양간　　　・생각 못 한다

문화 두루 알기

① 동물이 등장하는 속담

● 다음은 동물이 등장하는 한국 속담입니다. 그림에 맞는 속담을 찾아 써 보십시오.

① 쇠귀에 경 읽기
② 소 잃고 외양간 고친다.
③ 바늘 도둑이 소 도둑 된다.
④ 호랑이도 제 말하면 온다.

⑤ 발 없는 말이 천리 간다.
⑥ 고래 싸움에 새우 등 터진다.
⑦ 개구리 올챙이 적 생각 못 한다.
⑧ 원숭이도 나무에서 떨어질 때가 있다.

② 속담 속 교훈

● 다음은 단어의 뜻을 설명한 것입니다. 알맞은 단어를 <보기>에서 찾아 써 보십시오.

보기
•떡 •식후경 •진하다 •버릇 •넘어가다
•금강산 •돌다리 •손가락 •백지장 •맞들다 •윗물/아랫물
•고생 •낙 •티끌 •태산 •비지떡

1	사람의 신체 부위 중 하나예요. 자식을 비유하기도 해요.	
2	아주 작은 먼지를 말해요. 너무 작아서 눈에 잘 보이지 않아요.	
3	한 글자도 적혀 있지 않은 하얀 종이예요.	
4	나도 모르게 습관적으로 하는 행동이에요.	
5	즐거움과 같은 말이에요.	
6	중국에 있는 아주 큰 산이에요.	
7	혼자서 어떤 물건을 드는 게 아니라 서로 마주 드는 것을 말해요.	
8	물을 위에서 아래로 흘러요. 윗부분의 물을 아랫부분의 물을 말해요.	
9	밥을 먹고 나서 구경한다는 뜻이에요.	
10	북한에 있는 산 이름이에요. 뛰어난 경치로 유명해요.	
11	액체의 농도가 짙은 상태를 말해요.	
12	돌로 만든 다리에요. 돌로 만들었기 때문에 매우 튼튼하고 안전해요.	

13	싸고 맛없는 떡을 말해요. 품질이 안 좋고 나쁜 물건을 말하기도 해요.	
14	똑바로 있던 것이 쓰러지는 것을 말해요.	
15	어렵고 힘든 일을 겪거나 혹은 그런 상황을 말해요.	
16	쌀로 만든 한국 전통 음식이에요. 옛날에는 특별한 날에만 먹는 귀한 음식이었어요.	

● 다음 속담의 의미를 설명한 것입니다. 알맞은 속담을 찾아보십시오.

① 남의 떡이 커 보인다.
② 금강산도 식후경
③ 티끌모아 태산
④ 피는 물보다 진하다.
⑤ 세 살 버릇 여든까지 간다.
⑥ 싼 게 비지떡
⑦ 열 번 찍어 안 넘어가는 나무 없다.

⑧ 윗물이 맑아야 아랫물이 맑다.
⑨ 가는 말이 고와야 오는 말이 곱다.
⑩ 벼는 익을수록 고개를 숙인다.
⑪ 백지장도 맞들면 낫다.
⑫ 돌다리도 두드려 보고 건너라.
⑬ 열 손가락 깨물어 안 아픈 손가락 없다.
⑭ 고생 끝에 낙이 온다.

1	아무리 쉬운 일이라도 서로 도와서 함께 하면 훨씬 쉽다는 말	
2	부모에게는 자식이 아무리 많아도 모두 소중하다는 말	
3	교양이 있고 많이 배운 사람일수록 겸손하고 남 앞에서 자기를 자랑하려 하지 않는다는 말	
4	아무리 재미있고 좋은 일이라도 먼저 배가 불러야 재미있다는 말	
5	잘 아는 일이라도 조심하고 또 조심해서 하라는 말	
6	어렵고 힘든 일을 겪은 다음에는 반드시 즐겁고 좋은 일이 온다는 말	

7	내가 먼저 남에게 좋은 말과 행동을 해야 남도 나에게 좋은 행동과 말을 한다는 말	
8	윗사람이 먼저 바르게 행동해야 아랫사람도 바르게 행동한다는 말	
9	피를 나눈 가족 간의 정이 깊다는 말	
10	내 것보다 다른 사람이 갖고 있는 것이 더 커 보이고 좋아 보인다는 말	
11	아무리 마음에 들고 갖고 싶어도 갖을 수 없는 것을 말함	
12	아무리 큰 나무도 열 번을 찍으면 쓰러지는 것처럼 힘든 일이나 안 될 것 같은 일도 열심히 노력하면 할 수 있다는 말	
13	어릴 때 생긴 버릇은 노인이 되어도 고치기 어렵다	
14	값이 싼 물건은 품질도 좋지 않다	

③ 속담 속에 보이는 한국인의 의식

● 다음 속담을 배워 봅시다.

① 그림의 떡
② 싼 게 비지떡
③ 누워서 떡 먹기

④ 남의 떡이 커 보인다.
⑤ 떡 본 김에 제사 지낸다.
⑥ 떡 줄 사람은 생각도 안 하는데 김칫국부터 마신다.

1) 위 속담들의 공통 소재는 무엇입니까?	
2) 왜 한국 속담에는 떡을 소재로 한 속담이 많을까요?	
3) 한국 사람들에게 떡은 어떤 의미기 있을까요?	

● 다음을 생각해 봅시다.

① 번갯불에 콩 구워 먹는다.
② 윗물이 맑아야 아랫물이 맑다.
③ 벼는 익을수록 고개를 숙인다.
④ 피는 물보다 진하다.
⑤ 열 손가락 깨물어 안 아픈 손가락이 없다.

⑥ 찬물도 위아래가 있다.
⑦ 빈 수레가 요란하다.
⑧ 고생 끝에 낙이 온다.
⑨ 하늘이 무너져도 솟아날 구멍이 있다.

● 다음 속담 속에 숨어 있는 한국인의 의식은 무엇일까요? 속담의 뜻을 이해하고 생각해 보십시오.

1	겸손을 중요하게 생각한다.	
2	가족을 중요하게 생각한다.	
3	모든 일은 잘 될 거라고 긍정적으로 생각한다.	
4	무슨 일이든지 빨리 빨리 하려고 한다.	
5	나이에 따른 윗사람과 아랫사람의 구별이 확실하다. 예의를 중요하게 생각한다.	

| 어떤 속담이 어울릴까요? |

1	가 : 오늘 왜 그렇게 기분이 안 좋아 보여? 무슨 일 있어? 나 : 어제 부부 싸움을 했거든요. 어제 남편이 술 먹고 늦게 들어오길래 좀 일찍 다니라고 했더니 저한테 막 화를 내는 거예요. ＿＿＿＿＿＿＿＿＿＿＿＿＿＿＿＿다고 저도 같이 화를 냈어요. 그래서 어제 저희 엄청 싸웠어요.
2	가 : 내 친구는 항상 약속에 늦어. 예전부터 그랬는데 몇 번을 말해도 바뀌질 않네. 나 : ＿＿＿＿＿＿＿＿＿＿＿＿＿＿＿＿더니 나쁜 버릇을 고치지 못하는구나.
3	가 : 운전을 시작한 지 10년도 넘었는데 이렇게 주차하다가 사고를 낸 건 처음이에요. 나 : ＿＿＿＿＿＿＿＿＿＿＿＿＿고 하잖아요. 그래도 다치지 않아서 다행이에요. 운전을 아무리 잘해도 실수 할 수 있으니 조심하세요.
4	가 : 너, 왜 그렇게 화가 났어? 나 : 글쎄, 며칠 전에 내가 친한 친구한테 한 얘기를 다른 사람들이 다 알고 있는 거야. 어떻게 그럴 수가 있어? 가 : ＿＿＿＿＿＿＿＿＿＿＿＿＿고 하잖아. 정말로 비밀이라면 아무에게도 말 하지 말았어야지.
5	가 : 밖이 왜 이렇게 시끄러워요? 나 : 얼마 전에 우리 아파트에 도둑이 들었잖아요. 그래서 지금 모든 동에 CCTV를 단다 고 저 난리에요. 가 : ＿＿＿＿＿＿＿＿＿＿＿＿＿면 뭐 해요? 도둑은 이미 들었는데... 미리 미리 대비를 했었어야지요. 지금 하는 게 무슨 소용이 있어요?
6	가 : (엄마가 이리저리 본다.) 지영아, 지금 차 안 온다. 우리 빨리 건너자. 나 : 엄마, 지금 빨간불이에요. 건너면 안 돼요. 가 : 괜찮아, 지금 사람도 없고 차도 없잖아. 나 : 엄마, ＿＿＿＿＿＿＿＿＿＿＿＿＿＿＿는 말도 모르세요? 엄마가 교통질서를 잘 지켜야 저도 나중에 커서 교통질서를 잘 지키지요.
7	가 : 요즘 운전은 할 만 해요? 나 : 아니요. 차를 갖고 나가기가 무서워요. 다른 운전자들이 제가 초보 운전이라고 무시 하고 양보도 안 해주고 그래요. 가 : 어머, 사람들이 너무 하네요. ＿＿＿＿＿＿＿＿＿＿＿＿＿다고 본인들이 처음 운전할 때는 생각을 못 하나 봐요.

8	가 : 윗집 아들 이번에 어떻게 됐대요? 대학에 합격했대요? 나 : 네. 이번에 서울에 있는 명문대학에 합격했대요. 가 : _____더니 삼수까지 하고 결국은 좋은 대학에 가는 군요.
9	가 : 여보, 내가 또 할 일 없어? 빨래는 다 널었어. 나 : 여보, 너무 고마워요. _____고 저 혼자 집안일 할 때보다 훨씬 수월하네요.
10	가 : 제준 엄마, 수민이네 소식 들었어요? 글쎄... 수민이 아빠가... 나 : 아! 영화 엄마, 그만 말하세요. 저기 제준 엄마 와요. 가 : 어머! _____다더니 그 말이 딱 맞네요.
11	가 : 흐엉 씨, 김치 담근다더니 벌써 다 했어요? 나 : 그럼요. 김치 3포기 담는 거는 일도 아니에요. 저한테는 _____ 예요. 가 : 어머, 한국 사람보다 낫네요.
12	가 : 어머, 가방이 왜 그래요? 나 : 며칠 전에 만 원 주고 산 거예요. 싸게 샀다고 좋아했는데 벌써 이렇게 찢어지네요. 가 : 정말 _____이에요. 앞으로는 돈 좀 더 주고 좋은 걸로 사세요.

문화 즐기기

● 속담 퀴즈!!

1) 먼저 두 팀으로 나누고 속담을 설명할 사람을 뽑는다.

2) <속담 카드>에서 속담을 하나 고르고 다음 세 가지 설명 방법 중 하나를 골라 나머지 팀원에게 설명한다.

3) 정해진 시간 안에 속담을 많이 맞히는 팀이 이기는 것으로 한다.

● 다음 방법으로 속담을 설명하십시오.

〈속담 설명 방법〉

① 자기 나라에 있는 비슷한 속담을 예시로 설명하기

이 속담은 일본의 '지나간 축제'라는
속담과 비슷합니다.

② 속담이 쓰이는 상황을 제시해서 설명하기

이 속담은 여자 친구랑
헤어지기 전에 잘해주지 못한 것을 후회하고
헤어진 여자 친구가 좋아하는 것을 이제야 하는
친구를 볼 때 쓸 수 있는 속담입니다.

③ 칠판에 속담과 관련된 그림을 그려 설명하기

④ 속담의 초성을 써서 설명하기

● 속담 카드

번갯불에 콩 구워 먹는다	벼는 익을수록 고개를 숙인다
소 잃고 외양간 고친다	윗물이 맑아야 아랫물이 맑다
개구리 올챙이 적 생각 못 한다	티끌 모아 태산
돌다리도 두들겨 보고 건너라	호랑이도 제 말하면 온다
세 살 버릇 여든까지 간다	열 번 찍어 안 넘어가는 나무 없다
누워서 떡 먹기	찬물도 위아래가 있다

10과

한국인의 정서

이야기하기

● 여러분은 다음의 한자를 본 적이 있습니까? 어떻게 읽습니까? 무슨 뜻일까요?

● 여러분은 전통 시장에 가 본 적이 있습니까? 전통 시장의 분위기는 어떻습니까? 마트와 다른 점은 무엇입니까?

	전통 시장	마트
분위기		
다른 점		

● 여러분은 드라마 '대장금'을 본 적이 있습니까? 여자 주인공의 삶은 어떻습니까?

● 다음 사진을 보십시오. 왜 이렇게 많은 사람들이 모여 있습니까? 추측해 보십시오.

문화 두루 알기

1 정(情)

● 여러분은 다음과 같은 상황에서 어떻게 할 겁니까?

① 고속버스 휴게소 화장실에서 옆 칸에 있는 사람이 휴지가 없다고 도움을 요청한다면 어떻게 할 겁니까? 지금 휴지도 없고 고속버스를 타야 하는 시간도 얼마 남지 않았습니다.

② 약속 시간에 늦었습니다. 그런데 앞에서 택배를 나르던 아저씨가 물건을 다 쏟았습니다. 어떻게 할 겁니까?

③ 팔을 다친 군인이 여러분에게 군화 끈을 묶어 달라고 합니다. 군화 끈을 묶어 본적도 없고 군화 끈을 묶는 데 시간이 좀 걸립니다.

● 위의 상황에서 한국 사람들은 어떻게 할 것 같습니까? 여러분이 경험한 한국 사람들의 모습을 생각하며 이야기해 보십시오. 다음의 표현들을 사용하여 이야기해 봅시다.

보기

적극적으로 도와주다

따뜻하게 대하다

챙겨주고 싶어 하다

도와준 후 간식을 건네다

작은 문제이지만 관심을 갖다

남이지만 자신의 자식처럼 생각하다

도와줄 뿐만 아니라 다정하게 말을 건네며 고생한다고 위로까지 해 주다

모른 척 하다

도와주기는 하지만 이야기를 나누지는 않다

냉정하게 거절하다

핑계를 대며 예의 바르게 거절하다

어색함 속에서 도와주다

● 여러분은 '덤'이라는 말과 '우리가 남이가'라는 말을 들어 본 적이 있습니까? 다음 표현들의 의미를 이야기해 보고 경험을 해 본 적이 있는지 이야기해 봅시다. 그리고 경험을 했을 때 느낌 이 어땠는지 이야기해 봅시다.

	덤	'우리가 남이가?'
의미		
경험		
느낌		

● 한국인이 말하는 '정'이란 무엇이라고 생각합니까? '정'과 관련된 표현들을 배워 보고 '정'에 대해 깊이 이야기해 봅시다.

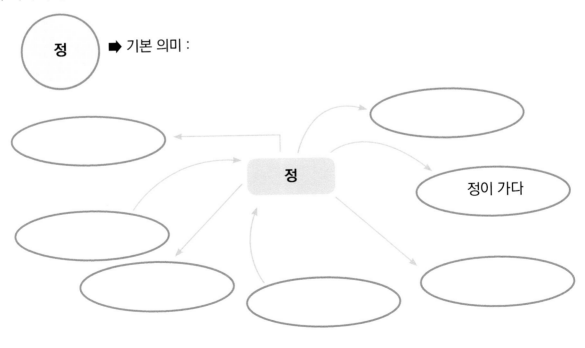

정 ➡ 기본 의미 :

정

정이 가다

② 한(恨)

● 우리가 살면서 겪는 가족과의 갈등에 대해 다음 질문에 답하며 생각해 봅시다.

1) 누구와 주로 갈등을 겪습니까?

　　① 남편 식구　　　　　② 자녀　　　　　③ 시댁　　　　　④ 기타

2) 무엇 때문에 갈등을 겪습니까?

　　① 남편 식구　　　　　② 자녀　　　　　③ 시댁　　　　　④ 기타

3) 갈등을 겪을 때 여러분은 어떻게 행동합니까?

　　① 참는다　　　　　② 화를 낸다　　　　　③ 바로 용서 한다　　　　④ 기타

4) 갈등을 겪은 후 상한 나의 마음은 완전히 풀렸습니까? 아니면 서운함과 상처가 차곡차곡 쌓여 있습니까?

　　① 완전히 풀렸다　　② 쌓여 있다　　　③ 　　　　　④ 기타

● 다음은 '바리데기 공주' 이야기의 줄거리입니다. 다음을 읽어 보십시오.

바리데기는 왕의 딸이지만 버림을 받는다. ➡ 노부부의 손에서 자란다.

병을 고칠 수 있는 약은 저승에 있고 바리데기 공주만 그 약을 구할 수 있다. ⬅ 왕과 왕비는 벌을 받아 불치병에 걸린다.

왕은 재빨리 공주를 찾는다.

공주는 자신을 버린 친부모를 위해 저승에 간다. ⬅ 왕은 공주에게 저승에 가서 약을 구해 올 것을 부탁한다.

공주는 저승에 가서 온갖 고생을 하며 부모를 살린 약을 구한다.

공주는 왕이 선물한 나라의 절반을 거절하고 저승과 이승을 돌보는 신이 된다. ⬅ 공주는 저승을 빠져나와 부모를 살린다.

● 드라마 '대장금'의 주인공의 삶과 '바리데기 공주'의 삶을 비교해 봅시다.

	바리데기 공주	대장금
출생의 비밀		
성장 과정		
용서와 화해		
복을 받는 결말		

● 여러분이 즐겨 보는 한국 드라마의 줄거리를 이야기해 보십시오.

● '바리데기 공주'와 한국 드라마를 통해 한의 정서를 이해해 봅시다.

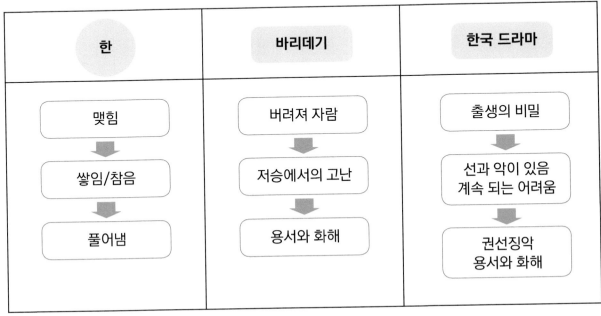

③ 한의 사회적 분출

다음은 한국의 역사적 사건들입니다. 여러분은 아래의 사건에 대해 알고 있는 것이 있습니까?

3.1 독립운동	4.19 혁명	6.10 민주항쟁

● 3.1 독립운동

시기	일제 강점기(1919년 3월 19일)
원인	일본은 폭력적이고 강제적으로 한국을 다스렸다. 조선인들은 인간으로 누려야할 기본적인 권리와 자유를 빼앗기고 고통스러운 삶을 살아야 했다. 조선인들의 불만은 점점 쌓여 갔다. 그러던 중 고종이 일본에 의해 독살되었다는 소문이 돌면서 3.1 운동이 일어나게 된다.
변화	일본이 무단통치에서 문화통치로 바꿈

● 4.19 혁명

시기	1960년 4월 19일
원인	첫 번째 대통령 이승만은 12년 동안이나 독재정치를 하였다. 그런데 제 4대 대통령도 하고 싶었던 이승만은 투표함을 바꾸는 등 부정 선거를 저지른다. 부정 선거에 항의하는 학생들의 시위가 벌어졌고 시위를 하다가 죽은 학생의 시신이 마산 바다에서 발견된다. 학생의 죽음에 분노한 시민들이 '이승만 대통령은 물러나라'를 외치며 4.19 혁명을 일으킨다.
변화	이승만 대통령이 하야함

● 6.10 민주항쟁

시기	1987년 6월 10일
원인	독재를 시도했던 전두환 대통령 시절에 많은 학생들이 민주화를 요구하며 시위를 한다. 이때 두 명의 대학생이 경찰들 때문에 죽게 된다. 이에 분노한 시민들이 시위에 동참하며 전국적으로 시위가 확산되었다.
변화	대통령 선거 제도가 간접 선거에서 직선제로 바뀜

위 사건들의 공통점은 무엇입니까? 다음 질문을 생각하며 이야기해 봅시다.

1) 시위가 발생한 원인은 무엇입니까? 결정적 계기가 있습니까?

2) 시위의 규모는 어땠습니까?

3) 위 사건들이 발생한 후 변화가 있었습니까?

| 한국인의 정 |

'정이 많다', '정이 넘치다', '정이 간다'라는 말에서 볼 수 있는 거처럼 한국 사람들은 '정'이라는 말을 많이 사용한다. 그래서 한국 문화를 '정의 문화'라고 표현하기도 한다. 그러나 한국 사회를 모르는 외국인 입장에서 '정'이란 문화를 쉽게 이해하는 데에는 많은 시간이 필요하다.

정을 한마디로 정의하기는 어렵지만 기본적인 의미는 사랑이나 친근함을 느끼는 마음이다.

정은 상대방의 작은 문제에도 관심이 가고, 도와주고 싶고, 챙겨주고 싶은 마음이다. 한 번 정이 들게 되면 그 사람은 어느새 나의 가족과 같은 존재가 되고 시간이 흐르면서 그 정은 더욱 깊어진다. 그래서 정은 사랑과 미움까지를 모두 포함한다. 이렇게 오랜 관계 속에서 깊어진 정의 감정을 나타낸다.

정은 개인적인 삶이 아닌 함께하는 삶을 바탕으로 생겨난 감정이다. 세상이 바뀌면서 인심도 예전과 달라졌고 사회도 각박해지고 있지만 정은 여전히 한국인의 아름다운 심성으로 한국인의 마음속에 흐르고 있다.

● 여러분 나라에도 한국의 '정'과 비슷한 것이 있습니까? 그것을 뭐라고 부릅니까? 함께 이야기해 보십시오.

● 여러분이 좋아하는 드라마, 영화, 뮤직비디오, 광고가 있습니까? 어떤 것입니까? 다음의 내용으로 소개해 보십시오.

제목 및 장르	
등장인물	
등장인물의 특징	
주요 사건	
한국인의 정서	

지은이

이름	학력사항	경력사항	자격증
손영화 (원고 집필)	경희대학교 평생교육원 (2014.03~2015.07) 한국어학과 외국어로서의 한국어학 학사 고려대학교 (1996.03~1999.07) 서어서문학과 스페인문학 석사 덕성여자대학교 (1992.03~1996.02) 서반아어학과 스페인문학 학사	경희대학교 국제캠퍼스 언어교육원 강사 (2015.11~현재) 샤인 한국어 학교 강사 (2015.09~2015.11) 동양 생명 강사 (2015.03~2015.11) 북경대학교 한국어 유학반 한국어 강사 (2008.07~2012.07) 원음방송 라디오 통신원 (2005~2007) SKconstruction 번역사 (1997~1999)	한국어교원자격증 2급/문화체육관광 부 시행(2015.10)
이윤아 (원고 집필)	경희대학교 교육대학원 (2006.03~2012.05) 외국어로서의 한국어교육 석사 경희대학교 (202.03~2006.02) 관광학부 광관일어통역, 한국어학(복수 전공) 학사	경희대학교 언어교육원 강사 (2015.09~현재) 합동군사대학교 국방어학원 한국어학처 강사(2012.09~2015.09) 자이드 대학교 강사(아랍에미리트 소재) (2014.01~2014.02) 성공회대학교 한국어학당 강사 (2007.12~2012.08) 가톨릭대학교 한국어교육센터 강사 (2007.04~2007.09)	한국어교원자격증 2급/문화체육관광 부 시행(2006.7)
이지민 (원고 집필)	한국외국어대학교 교육대학원 외국어로서의 한국어 교육 학사	경희대학교 언어교육원 강사 (2011.08~현재) 성균관대학교 언어교육원 강사 (2009.02~2011.08)	한국어교원자격증 1급
채희정 (삽화작가)	서울시립대학교 환경조각학과 학사	하이디, 삼총사, 곰 세 마리와 금발소녀, 불타는 오두막, 거짓말쟁이의 생일, 이야 기 시장, 벨루가, 클림트, 훈민정음, 투란 도트, 롯데월드 캘린더, KIA자동차 사보 (2004~현재)	

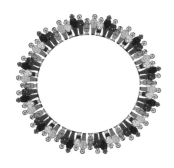

다문화 가정을 위한 한국문화의 이해
: 한국의 언어와 문화

©단국대학교 일본연구소, 2018

1판 1쇄 인쇄__2018년 12월 20일
1판 1쇄 발행__2018년 12월 30일

지은이__손영화·이윤아·이지민
기　획__단국대학교 일본연구소
삽　화__채희정
펴낸이__양정섭

펴낸곳__도서출판 경진
　　　　등록__제2010-000004호
　　　　이메일__mykyungjin@daum.net
　　　　사업장주소__서울특별시 금천구 시흥대로 57길(시흥동) 영광빌딩 203호
　　　　전화__070-7550-7776 팩스__02-806-7282
값 12,000원
ISBN 978-89-5996-594-6 93300